처음 시작하는
아이패드
프로크리에이트
드로잉

오유 지음

Hans Media

일러두기

- 책 마지막 장의 삽지를 잘라 안쪽의 QR코드를 스캔해주세요.
  책 속의 그림을 그릴 때 필요한 자료를 다운로드할 수 있고 작업 영상도 볼 수 있습니다.
- <기초> 파트에서 사용한 프로크리에이트는 5.0.1 버전이며,
  이후 <연습>, <실전> 파트에서 사용한 프로크리에이트는 4.3.9 버전입니다.
- 책에서 '왼쪽', '오른쪽' 등의 방향을 언급할 경우, 이는 보이는 그대로의 방향을 뜻합니다.
  실제로는 오른쪽이더라도 사진에서 왼쪽에 위치할 경우, '왼쪽'으로 지칭합니다.
- 책 속의 모든 그림에는 저작권이 있습니다.
  Copyright © 2020 by oU All rights reserved.

처음 시작하는
아이패드
프로크리에이트
드로잉

Hans Media

프롤로그
:

드라마나 영화를 보거나 또는 게임을 하기 위해 아이패드를 구매했지만 이제는 아이패드를 좀 더 다양하게 활용해보고 싶다면, 이 책을 천천히 따라와 주세요. 어느 순간 여러분도 아이패드로 멋진 그림을 그릴 수 있게 될 거예요.

책의 설명을 통해 프로크리에이트의 기초를 탄탄히 쌓고, 여기에서 배운 내용을 여러분이 그리고 싶은 그림에 적용하면서 손에 익혀보세요. 그리고 나서 책을 따라 점점 난이도를 높여가다 보면 프로크리에이트의 기본 툴로 얼마든지 멋진 그림을 그릴 수 있게 된답니다.

<기초> 파트를 먼저 읽고 설명을 따라 기능과 옵션들을 적용해보며 프로크리에이트의 기본 툴을 파악하고, <연습> 파트의 과정 영상을 본 다음 책을 읽으며 따라 그려보세요. 그렇게 꾸준히 <실전> 파트까지 따라 그리다 보면, 마지막 장의 리버스 드로잉으로 그리는 인물까지 손쉽게 정복할 수 있을 거예요.

이제 프로크리에이트를 활용하여 아이패드로 나만의 멋진 그림을 그려봅시다!

오유

처음 시작하는 아이패드 프로크리에이트 드로잉

1 기초: 프로크리에이트의 기본   8

2 연습: 간단한 그림 그리기   30

   1. 선인장   32

   2. 꽃 패턴   41

3 실전: 작품 완성하기   50

   1. 우주   밤하늘   52

              블랙홀   60

   2. 풍경   노을   74

              가을 들판   84

   3. 음식   도넛   108

              석류   128

목차

4. 동물	코끼리	147
	강아지	171
5. 인물	남자	200
	여자	222
6. 리버스 드로잉	비 오는 거리	245
	말	261
	여자	276

기초
:
프로크리에이트의 기본

1

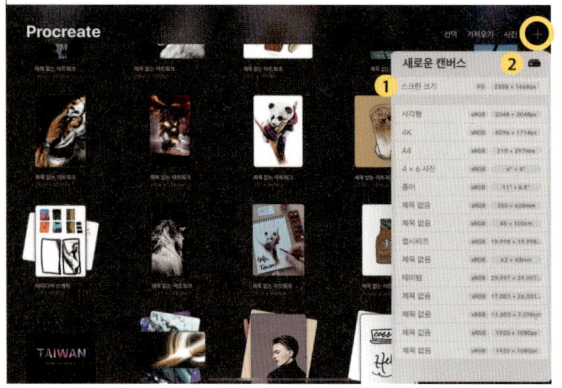

앱을 켜서 오른쪽 맨 위 [+ 버튼]을 누르면 새 캔버스를 지정할 수 있습니다. 이 책에서는 주로 맨 위의 스크린 크기로 작업을 진행하였습니다.
[+ 버튼] 아래의 아이콘을 누르면 [사용자지정 캔버스]가 열립니다.

2-1

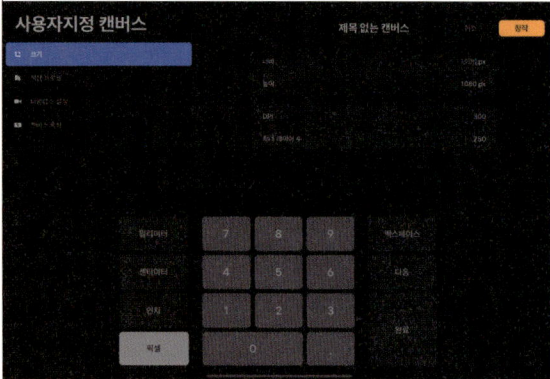

사용자지정 캔버스: 캔버스의 사이즈와 DPI를 설정할 수 있습니다. 디지털 기기에서는 72DPI도 괜찮지만, 인쇄할 경우에는 300DPI 이상으로 설정하는 것이 좋습니다. DPI가 높아질수록 선명도가 향상됩니다. 다만, 사이즈가 커지거나 DPI가 높아지면 중간에 레이어를 생성할 수 있는 횟수가 적어집니다.

2-2

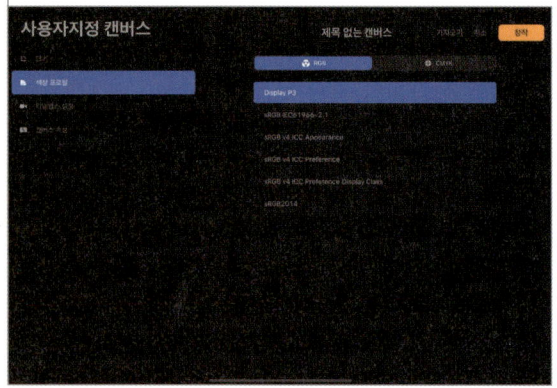
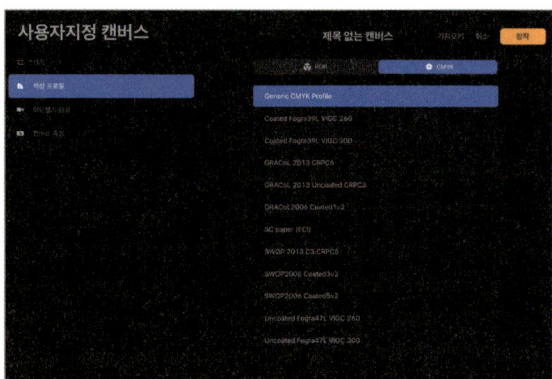

사용자지정 캔버스-색상 프로필: 용도에 따라 [RGB], [CMYK] 탭에서 원하는 옵션을 선택할 수 있습니다.

2-3

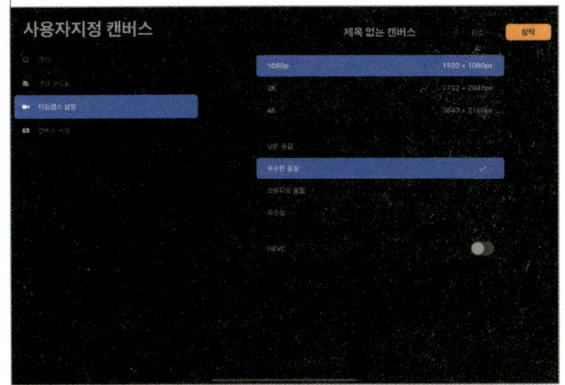

사용자지정 캔버스-타임랩스 설정: 화면이 자동으로 녹화되는 타임랩스를 설정할 수 있습니다.

2-4

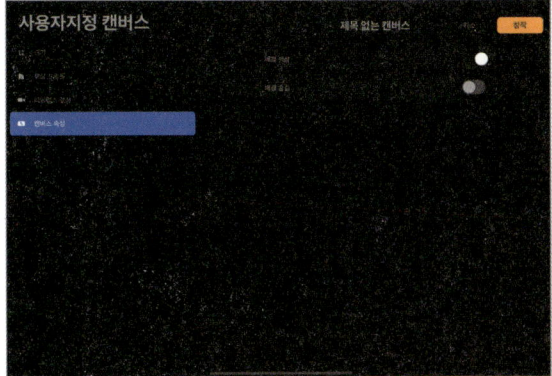

사용자지정 캔버스-캔버스 속성: 배경 색상을 미리 지정할 수 있습니다. [배경 숨김]을 켜면 배경색 없이 투명한 배경으로 설정됩니다. 배경이 없어지는 것이 아니라 배경 레이어가 꺼져 있는 상태로, 레이어 창에서 배경 색상 레이어를 켜면 다시 나타납니다.

3

캔버스를 생성하면 이렇게 화면이 뜹니다. [갤러리]를 누르면 뒤로 돌아갑니다.

4

동작-추가: 화면에 요소를 삽입할 수 있습니다. 저는 주로 사진을 삽입하여 작업합니다.

5-1

동작-캔버스-잘라내기 및 크기변경: 그림을 그리던 중에도 캔버스 크기를 바꿀 수 있습니다.

5-2

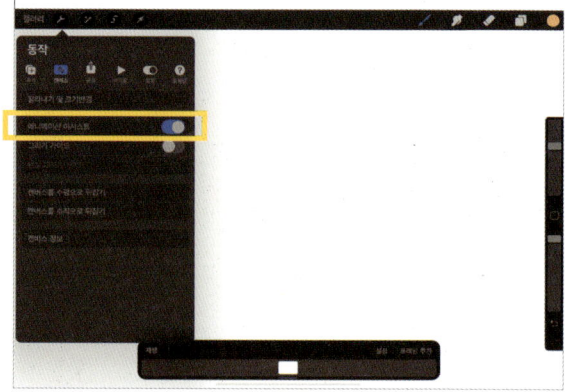

동작-캔버스-애니메이션 어시스트: 이 툴을 사용하여 GIF파일을 만들 수 있습니다.

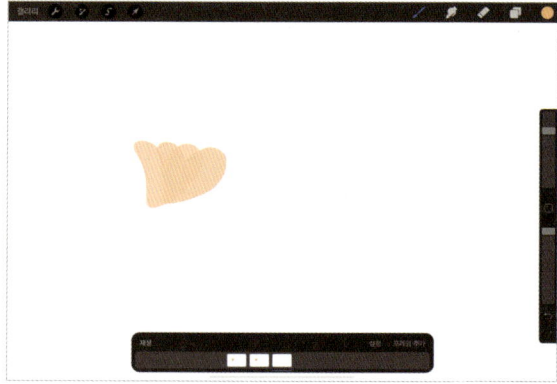

[프레임 추가]를 누르면, 그려놓은 그림이 조금 흐려지면서 '프레임'이라는 새 레이어가 생성됩니다. 그럼 먼저 그린 그림을 보면서 다음 그림을 그릴 수 있습니다.

기초: 프로크리에이트의 기본

[설정]을 누르면 전체 프레임의 설정을 조절할 수 있습니다. 또한 [재생 바]에 놓인 프레임을 클릭하면, 각 프레임의 옵션을 설정할 수 있습니다. 한 프레임을 배경으로 두고 나머지 프레임은 움직이게 만들고 싶다면, 가장 앞 프레임을 클릭하고 배경을 켜주면 됩니다.

5-3

 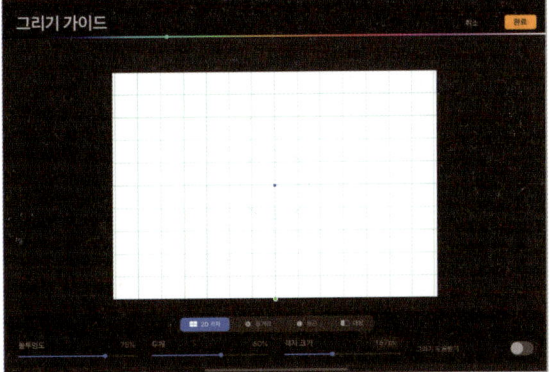

동작-캔버스-그리기 가이드: 대칭되는 그림을 그릴 때 활용하면 좋습니다. 패턴을 그릴 때도 활용할 수 있습니다. 뒤에서 소개할 커리큘럼들을 따라 익혀봅시다.(▶꽃 패턴, ▶노을)

13

6

동작-공유: 원하는 포맷으로 저장하거나 메일 보내기, 클라우드 업로드 등을 할 수 있습니다.

7

동작-비디오: [타임랩스 녹화]를 켜두면 그림을 그리는 장면이 모두 녹화됩니다. [타임랩스 다시 보기]를 누르면 녹화된 부분이 재생됩니다. [타임랩스 비디오 내보내기]를 통해 녹화된 영상을 전체 길이 또는 앞 30초 분량으로 기기에 저장할 수 있습니다.

8-1

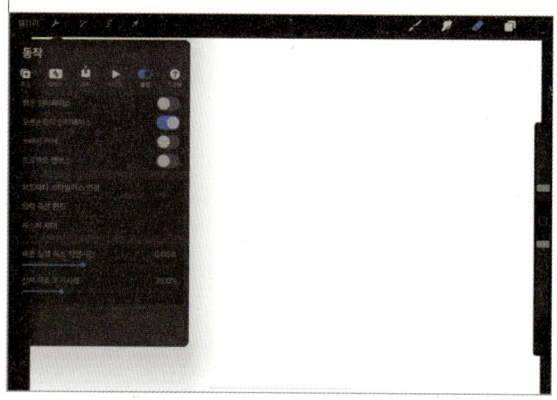

동작-설정: 좀 더 사용하기 편리하게 옵션을 설정할 수 있습니다. 사진은 제가 사용하는 설정값입니다.

8-2

동작-설정-밝은 인터페이스: 인터페이스가 밝아집니다.

기초: 프로크리에이트의 기본

8-3

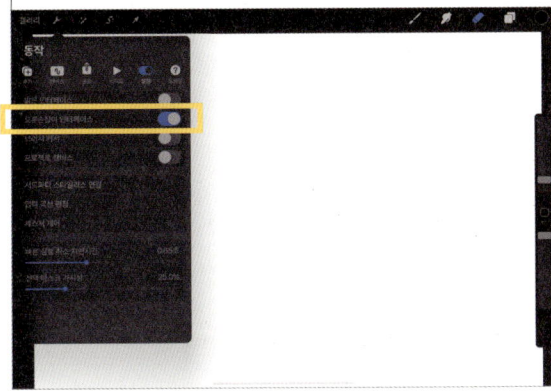
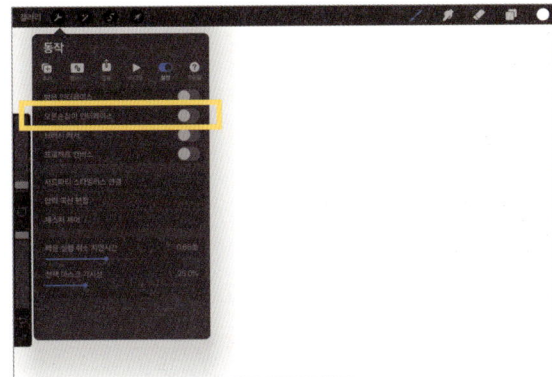

동작-설정-오른손잡이 인터페이스: 이 옵션을 켜면 브러시 크기를 조절하는 툴바가 화면의 오른쪽에 위치합니다. 반대로 옵션을 끄면 툴바가 왼쪽에 위치합니다. 본인에게 편한 곳으로 설정하여 사용하세요.

8-4

동작-설정-브러시 커서: 브러시 모양이 펜과 닿는 부분에 보이게 됩니다. 정확히 어디를 누르고 있는지 확인할 수 있으므로 켜놓고 사용합니다.

8-5

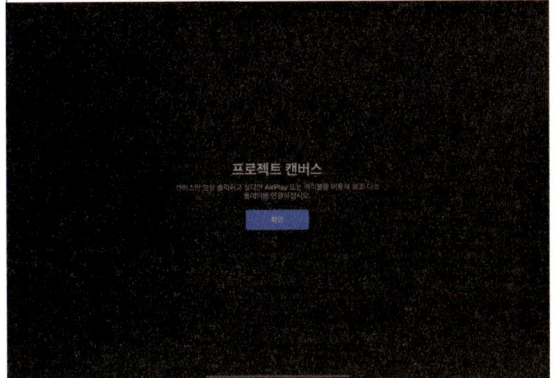

동작-설정-프로젝트 캔버스: 그림을 그리는 화면을 다른 출력 화면에 내보낼 수 있습니다. 별도의 연결이 필요합니다.

8-6

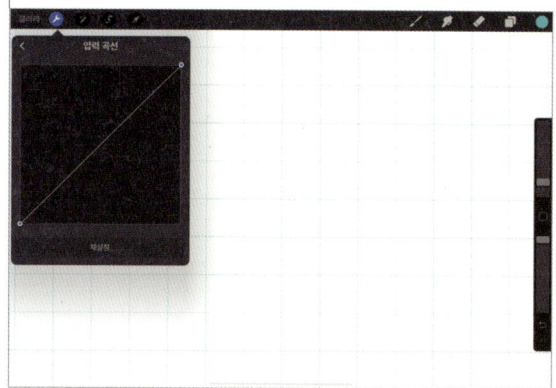

동작-설정-압력 곡선 편집: 필압에 따른 브러시의 크기를 미세하게 조절할 수 있습니다. 다만, 이 책에서는 편의를 위해 기본 설정 그대로 사용합니다.

8-7

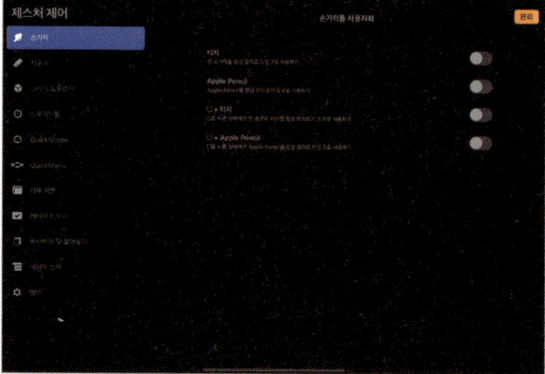

동작-설정-제스처 제어: 각 옵션을 보고 본인이 사용하기 편하도록 설정해주세요. 8-7의 사진들은 저의 설정 화면입니다. 설정이 겹치면 기존에 사용하고 있는 곳에 작게 경고 표시가 뜹니다.

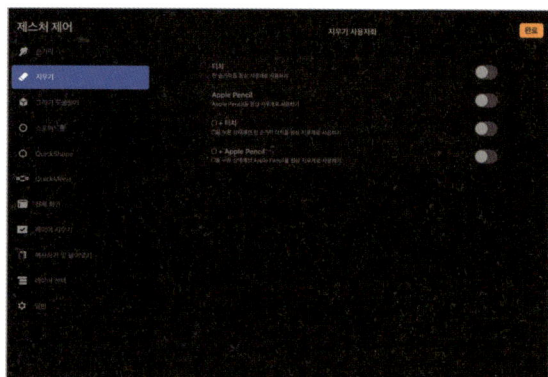

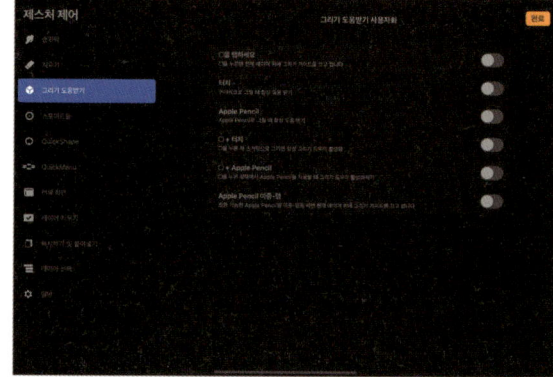

기초: 프로크리에이트의 기본

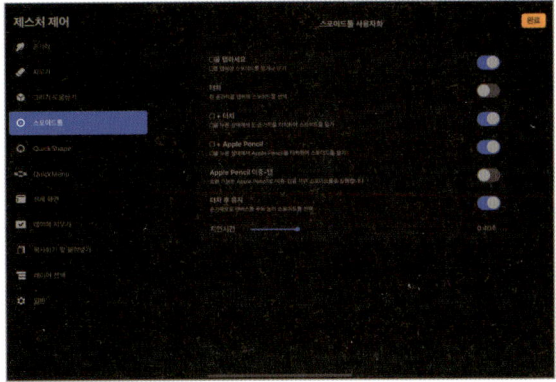

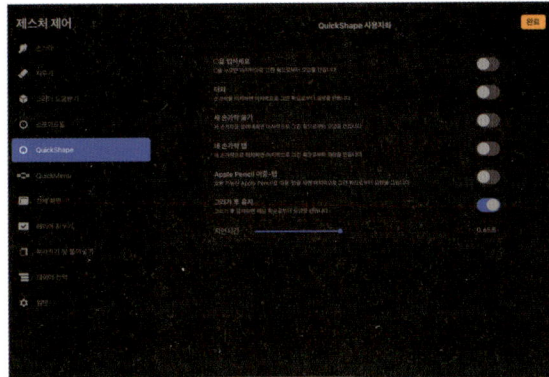

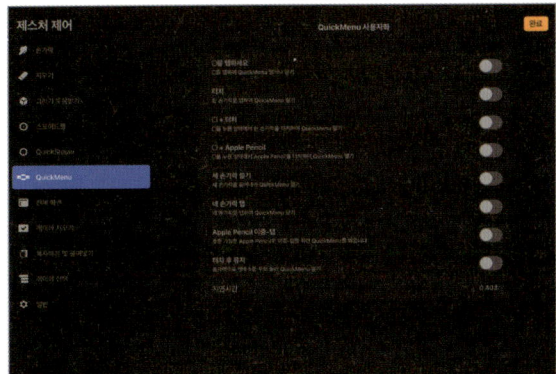

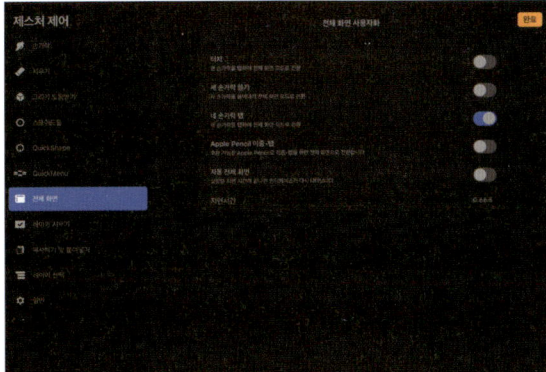

처음 시작하는 아이패드 프로크리에이트 드로잉

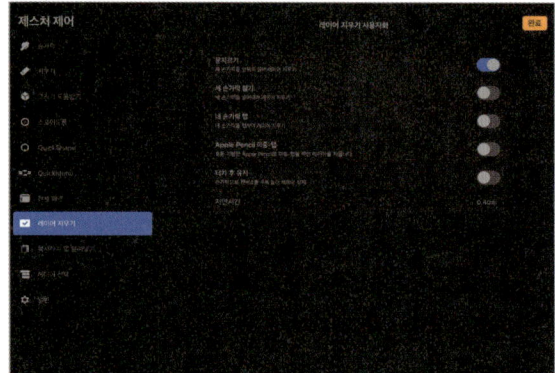
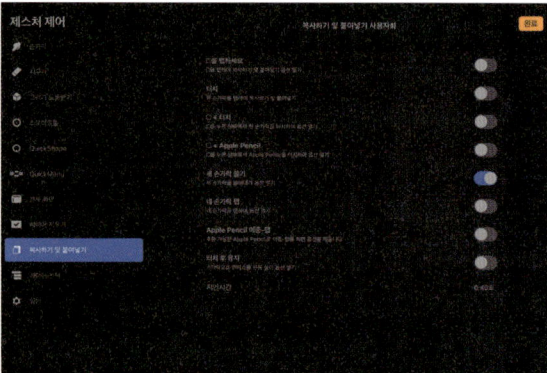
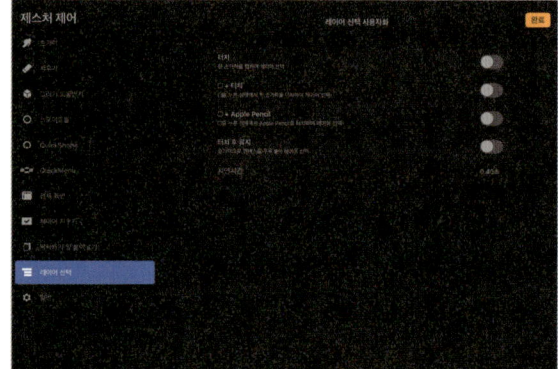
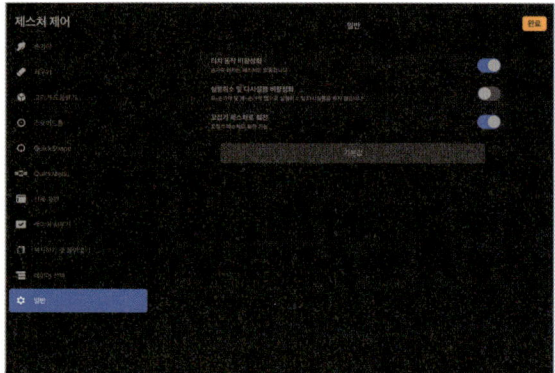

9

동작-도움말

10-1

조정: [불투명도]를 조절하거나 여러 [흐림 효과], [선명 효과], [노이즈 효과], [픽셀 유동화] 등 포토샵의 기능들을 사용할 수 있습니다. [색조, 채도, 밝기] 조절도 가능하고 [색상 균형], [곡선]으로 세밀한 조정도 가능합니다.

10-2

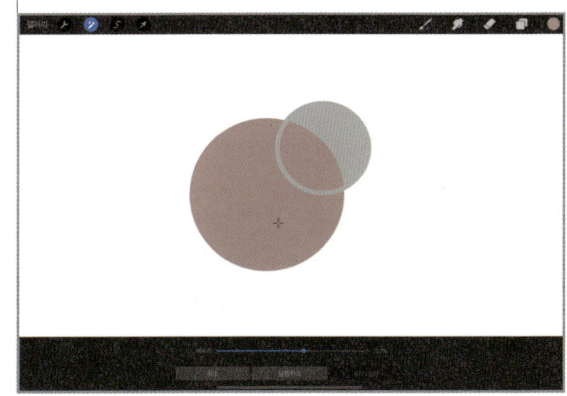
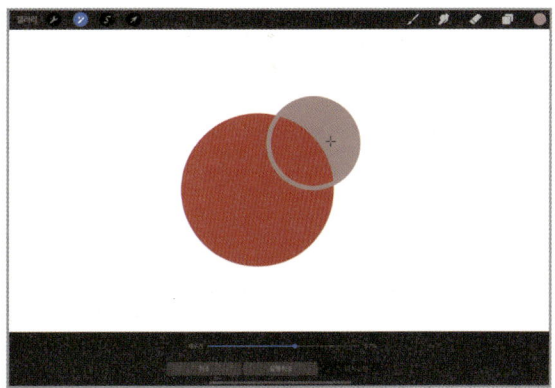

[조정]의 [재채색]은, 현재 선택되어 있는 컬러로 레이어 전체에 색이 채워지는데, 이때 채우기를 조절하여 원래 있던 그림의 원하는 만큼을 현재 선택된 색으로 채우는 기능입니다. 커서를 움직여서 선택된 색을 적용시키는 부분을 바꿔줄 수도 있습니다. 아래의 [채우기] %를 이동하여 색의 불투명도 조절도 가능합니다.

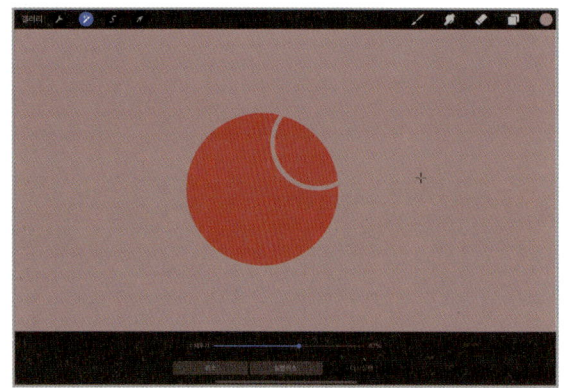
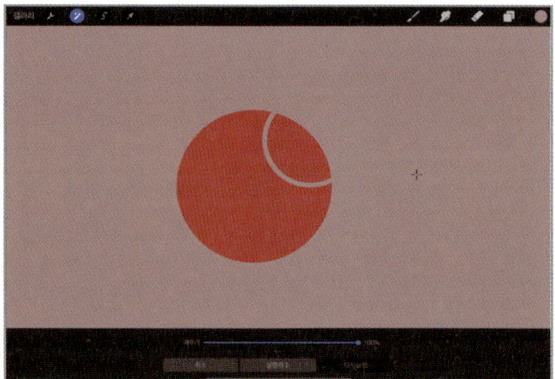

11

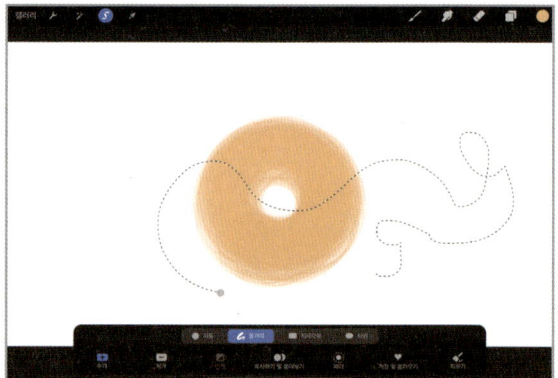

선택 툴: [자동], [올가미], [직사각형], [타원] 중 원하는 모양으로 선택할 수 있습니다. [자동]은 양옆 드래그를 이용하여 자동 선택되는 퍼센트를 조절할 수 있습니다. [직사각형]이나 [타원]은 한 손가락을 화면에 대면 정사각형, 정원으로도 선택이 가능합니다.

네 가지 옵션으로 선택한 뒤 추가로 다른 부분을 선택할 때는 [추가], 선택된 부분에서 일부분을 제외할 때는 [제거] 또는 [반전], 선택된 부분만 복제할 경우에는 [콘텐츠 복제]를 사용합니다. [패더]를 사용하면 선택된 테두리가 자연스럽게 그러데이션 됩니다. 화면을 오른쪽 또는 왼쪽으로 쭉쭉 끌어당기면 상단에 [선택 한계값] %가 보입니다. 원하는 만큼 자동으로 선택됩니다. 사진의 동그라미는 원래 주황색인데 보이는 커서로 끌어당겼더니 파란색이 되면서 선택된 영역이 표시되었습니다.

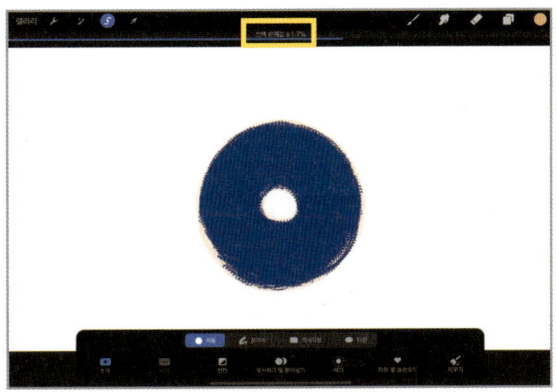

12

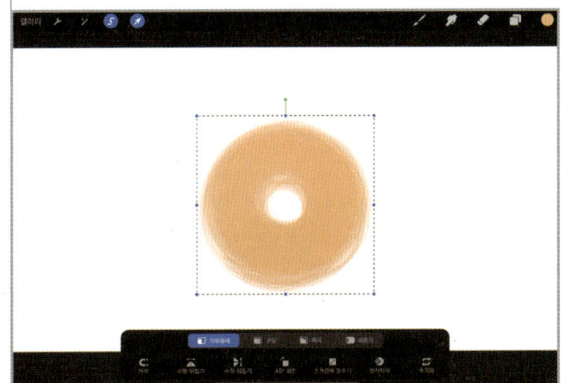

화살표 툴: [자유형태]를 사용하면 원하는 크기로 조절할 수 있습니다. [균등]으로 비율에 맞게 크기를 조절하며, [왜곡]으로 각 꼭지점을 하나씩 조절할 수 있습니다. [뒤틀기]로는 각 꼭지점을 아무데나 이동할 수 있습니다.

13 ★★★

브러시: 용도에 따라 다양한 브러시를 사용할 수 있습니다. 다음 사진들은 이 책에서 가장 많이 사용하는 브러시의 설정값입니다. 잘 보고 따라 해주세요.

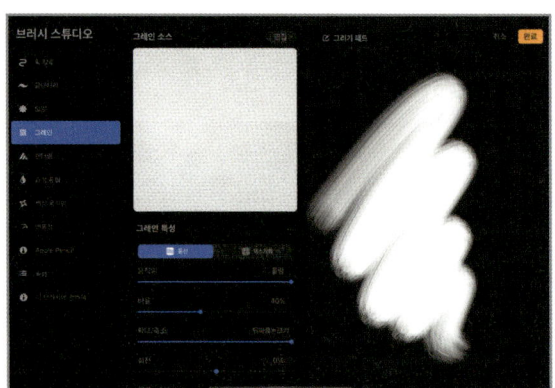 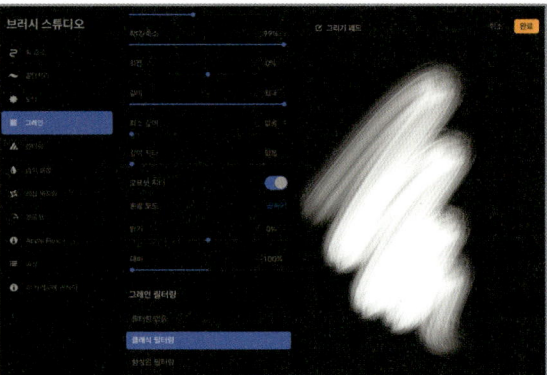

[스케치]의 [소프트 파스텔] 브러시를 클릭하고, 왼쪽의 4번째 탭인 [그레인]을 눌러주세요. 중간의 [그레인 특성]에서 [동선]을 체크합니다. 그런 후 옵션 창 아래쪽으로 스크롤을 내려 [대비]를 '-100%'로 설정합니다.

14
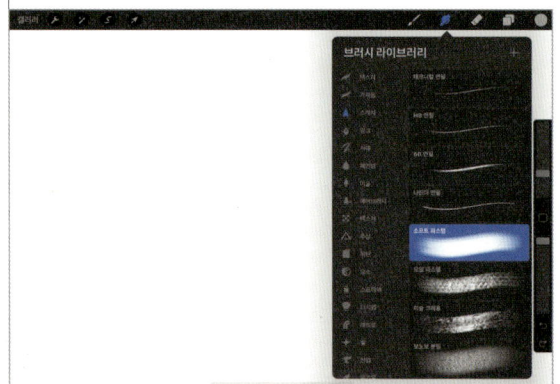

손가락 툴: 이 툴 역시 [스케치]-[소프트 파스텔] 브러시를 가장 많이 사용합니다. 이 책에서 [손가락 툴]을 사용하라는 설명이 나오면 [스케치]-[소프트 파스텔] 브러시를 선택하여 사용하면 됩니다.

[브러시]나 [손가락 툴], 또는 [지우개] 어느 곳에서든 [그레인]을 설정해두면 모두 다 적용됩니다.

15

지우개: [에어브러시]-[하드 에어브러시] 브러시를 주로 사용합니다.

16-1

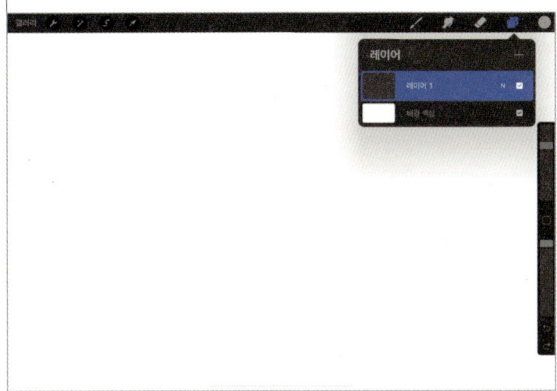

16-2-1

[레이어]를 클릭하면 다양한 옵션 창이 뜹니다.

<u>레이어</u>: 배경 색상과 레이어1은 항상 기본으로 생성되어 있습니다. 오른쪽 위 [+ 버튼]으로 새 레이어를 만들 수 있습니다. 레이어는 얇은 투명판이라고 생각하면 됩니다.

레이어1에 머리카락을 그리고 레이어2에 얼굴을 그리면, 머리카락의 색상을 바꾸거나 머리 스타일을 변경할 때 레이어1을 선택해서 수정하면 됩니다. 반면에 레이어1에 머리카락과 얼굴을 모두 그리면, 머리카락만 수정해야 할 때 얼굴을 건들지 않도록 조심해야 해서 불편합니다.

간단히 레이어1, 2로 설명했지만, 다양하고 복잡한 그림을 그릴 때 여러 레이어에 나눠서 그리면 수정하기 편하고, 각 레이어마다 효과를 따로 줄 수도 있어 아주 편리합니다.

주의할 점은 지금 그리고 있는 부분이 어느 레이어에 그려지는지 꼭 확인하는 것입니다. 열심히 그렸는데 다른 레이어와 합쳐졌다면 굉장히 난감합니다. 레이어는 판을 쌓고 쌓아두는 방식이므로 판의 순서를 조절하여 작업 시간을 단축할 수도 있습니다.

16-2-2

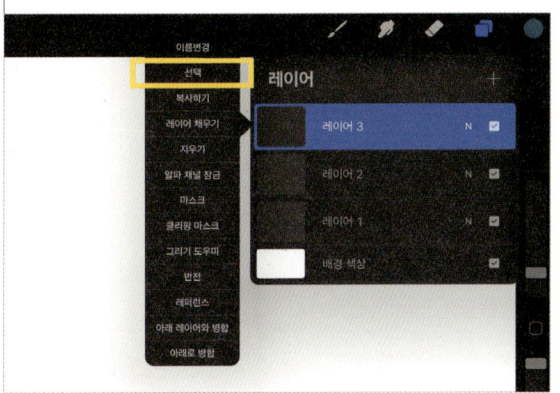

<u>선택</u>: 11번의 [선택 툴]과 같습니다.

16-2-3

16-2-4

복사하기: 해당 레이어의 그림을 복사합니다.

레이어 채우기: 해당 색상으로 레이어 전체가 채워집니다.

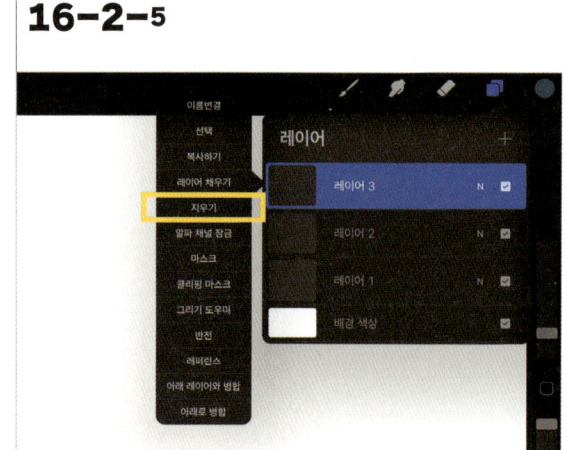

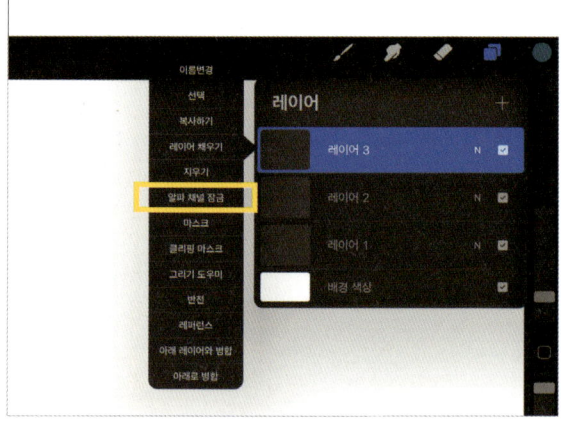

지우기: 해당 레이어의 그림을 모두 지워줍니다.

알파 채널 잠금: 그림을 그리고 [알파 채널 잠금]을 선택한 후 동일한 레이어에 다른 그림을 그리면, 기존에 그림이 그려진 영역이 아닌 곳에는 그림이 그려지지 않습니다.

16-2-7

마스크: [마스크]를 누르면 [레이어 마스크]라는 레이어가 생성됩니다. 레이어1에 원을 그렸습니다. 그리고 나서 [레이어 마스크]에 검은색으로 선을 그렸습니다. 그러자 원 위에 흰 선이 생겼습니다. 이번에는 [레이어 마스크]에 회색으로 선을 그려보겠습니다. 역시 레이어1에는 나타나지 않지만, 원에는 회색 선이 그려졌습니다. [레이어 마스크]에 좀 더 진한 회색으로 선을 그리면 레이어1에 좀 더 하얗게 표현됩니다.

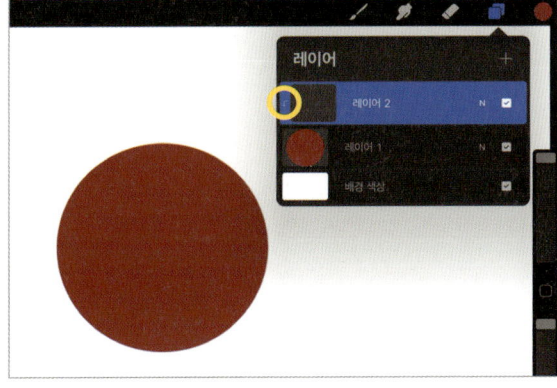

16-2-8

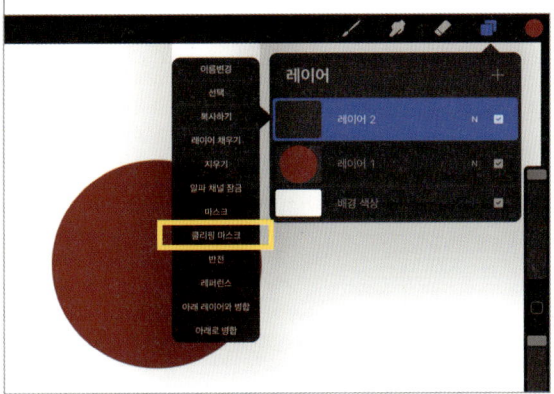

클리핑 마스크: [클리핑 마스크]를 누르면 레이어 앞에 작은 아래화살표가 생깁니다. 레이어1에 원을 그리고 [클리핑 마스크]를 적용한 레이어2에 청록색 선을 그렸습니다. 그러면 레이어1의 원 밖으로는 청록색 선이 그려지지 않습니다. [알파 채널 잠금]과 비슷하지만, 하나의 레이어인 [알파 채널 잠금]과 달리 [클리핑 마스크]는 레이어가 나뉘어 있으므로 수정 시 용이합니다.

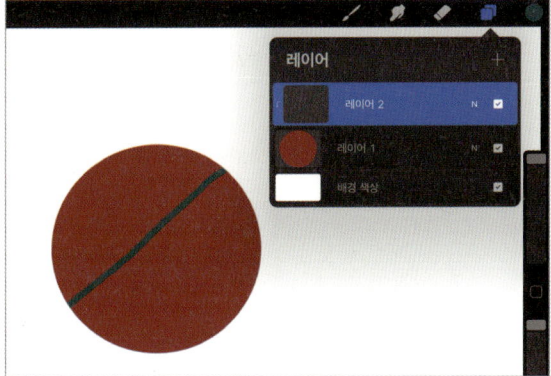

16-2-9

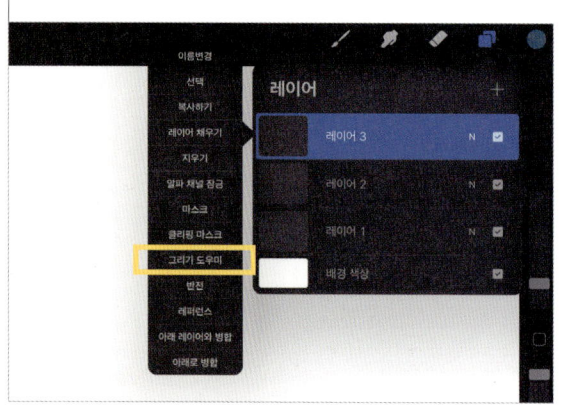

그리기 도우미: [동작]의 [그리기 가이드] 기능입니다.

16-2-10

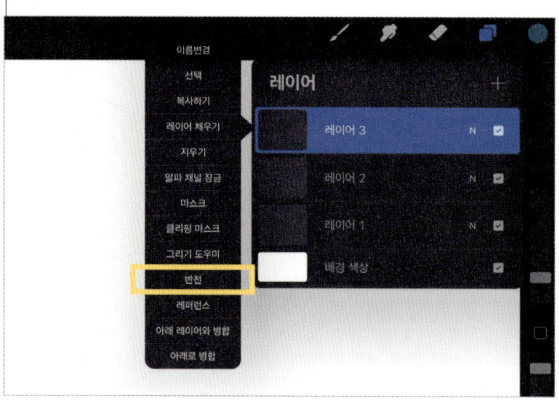

반전: 해당 레이어의 전체 색을 반전해줍니다.

16-2-11

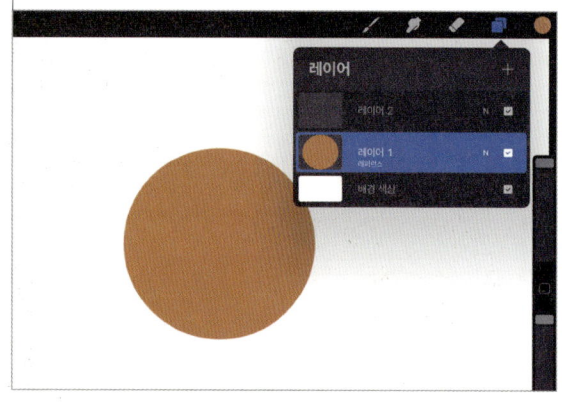

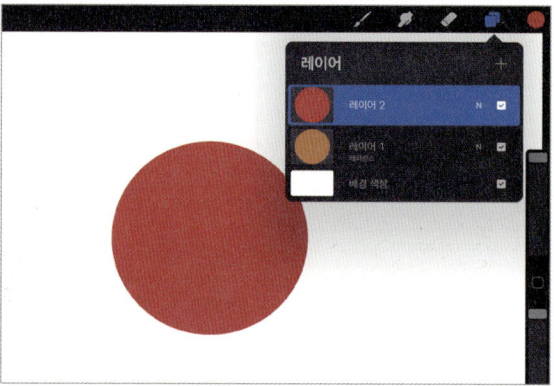

레퍼런스: 그림이 그려진 레이어1 위에 새 레이어(레이어2)를 만들고 레이어1에 [레퍼런스]를 체크합니다. 그런 후 레이어2에 색상을 끌어다 놓으면 레이어1에 그려진 그림과 같은 그림이 해당 색으로 채워져 레이어2에 나타납니다.

16-2-12

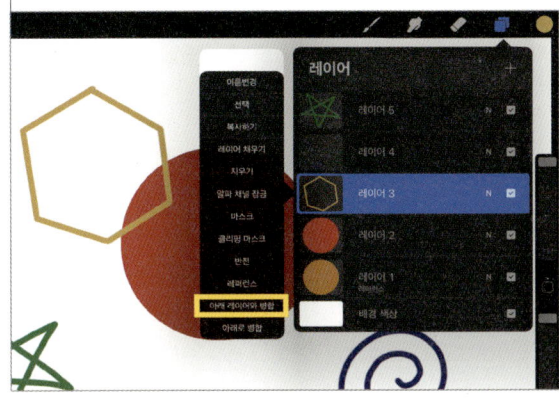 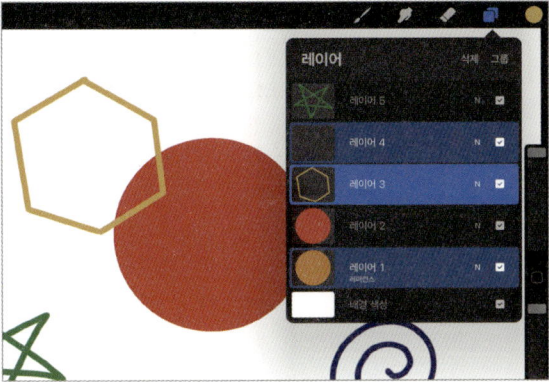

아래 레이어와 병합: 레이어가 너무 많아 정리가 필요하거나, 더는 수정할 필요가 없어서 합쳐도 되는 레이어들을 병합합니다. 바로 아래에 위치한 레이어와 병합하려면 [아래 레이어와 병합]을 누르면 되고, 몇 개만 골라서 병합하려면 레이어를 오른쪽으로 살짝 밀었다 놓으면 선택이 됩니다. 그때 오른쪽 위의 [그룹]을 눌러 그룹으로 모아두고, 한 번 더 눌러 병합하면 됩니다. 연속으로 붙어 있는 레이어를 한 번에 병합할 때는 손가락으로 제일 위 레이어와 제일 아래 레이어를 합친다는 느낌으로 꼬집어줍니다.

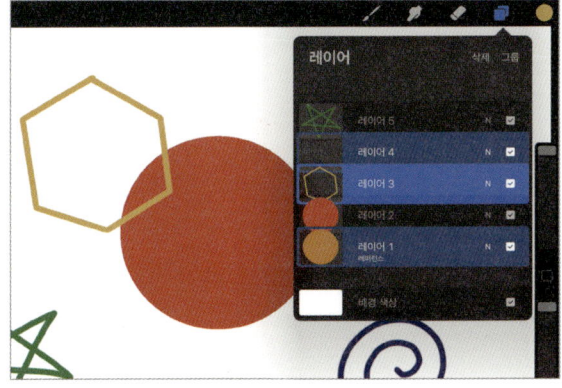 

16-2-13

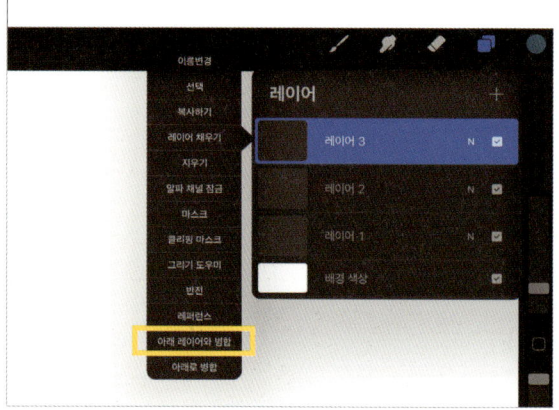

아래로 병합: 바로 아래 레이어와 하나로 합쳐집니다.

17

다음 사진들은 순서대로 다섯 가지의 색상 툴입니다. 색상 툴 1, 2, 3, 4는 각 색상을 표현하는 방식은 다르지만 동일한 기능들입니다. 색상 툴 5는 색상을 팔레트별로 볼 수 있고, 팔레트를 왼쪽으로 살짝 당겨주면 [공유], [삭제] 버튼이 나타납니다.

선택한 색상의 보색을 표시해줍니다.

기초: 프로크리에이트의 기본

연습
:
간단한 그림 그리기

- 꽃 패턴
- 선인장

● 선인장

선인장 color

1

레이어1에 [잉크]-[드라이 잉크 브러시]로 화분을 그립니다. 색상표의 ⑧번 진한 갈색을 사용합니다.

2

레이어를 추가한 다음 레이어1의 아래로 끌어내려 레이어1 아래에 레이어2가 위치하게 해주세요.

연습 1. 선인장

3

같은 브러시를 사용하여 레이어 2에 ②번 색으로 동그란 선인장 하나를 그려줍니다.

4

레이어를 하나씩 추가해가면서 각 레이어에 한 개씩 동그란 선 인장을 그립니다.

5

왼쪽에도 ①번 색으로 동그랗 게 선인장을 그려줍니다. 현재 레이어 상태를 보면 화분을 그 린 레이어가 제일 위에 있고 나 머지는 그 아래에 계속 새로 생 성하여 그리고 있습니다.

6

이렇게 레이어 하나에 동그라미를 하나씩 그려 선인장을 완성해줍니다.

7

선인장을 그린 레이어를 하나씩 선택하여 [N]을 눌러 불투명도를 조절합니다.

8

각 레이어의 불투명도를 원하는 대로 다양하게 조절해주세요.

9

[9-10]
화분 레이어 아래 새 레이어를 추가하고 ③번 색으로 선인장의 가시를 그려줍니다.
이때, 툴바에서 브러시 크기를 작게 줄여주세요.

10

11

화분 레이어를 클릭하여 [알파 채널 잠금]을 체크합니다.

12

왼쪽에서 빛이 들어온다고 가정하고 ⑥번 색으로 화분의 음영을 칠합니다. [알파 채널 잠금]이 설정된 상태이기 때문에 화분이 아닌 곳에는 그려지지 않습니다. 사진처럼 손가락으로 화면을 터치해 캔버스의 방향이나 크기를 변경해가며 그려도 됩니다.

13

화분 아래쪽과 오른쪽 위주로 ⑥번 색을 칠합니다.

14

화분 레이어 아래 새 레이어를 만들고 같은 색으로 그림자를 그려줍니다.

15

레이어의 [N]을 눌러 그림자의 불투명도를 조절해줍니다.

16

맨 위에 새 레이어를 만들고 ⑦번 색과 ④번 색으로 선인장의 꽃을 그립니다. 꽃 가운데에는 ⑤번 색으로 동그랗게 점을 찍어줍니다.

17

[17-18]
화분 레이어를 선택하고 [손가락 툴]로 검은색 부분을 문질러 그러데이션 합니다.

18

19

완성

● 꽃 패턴

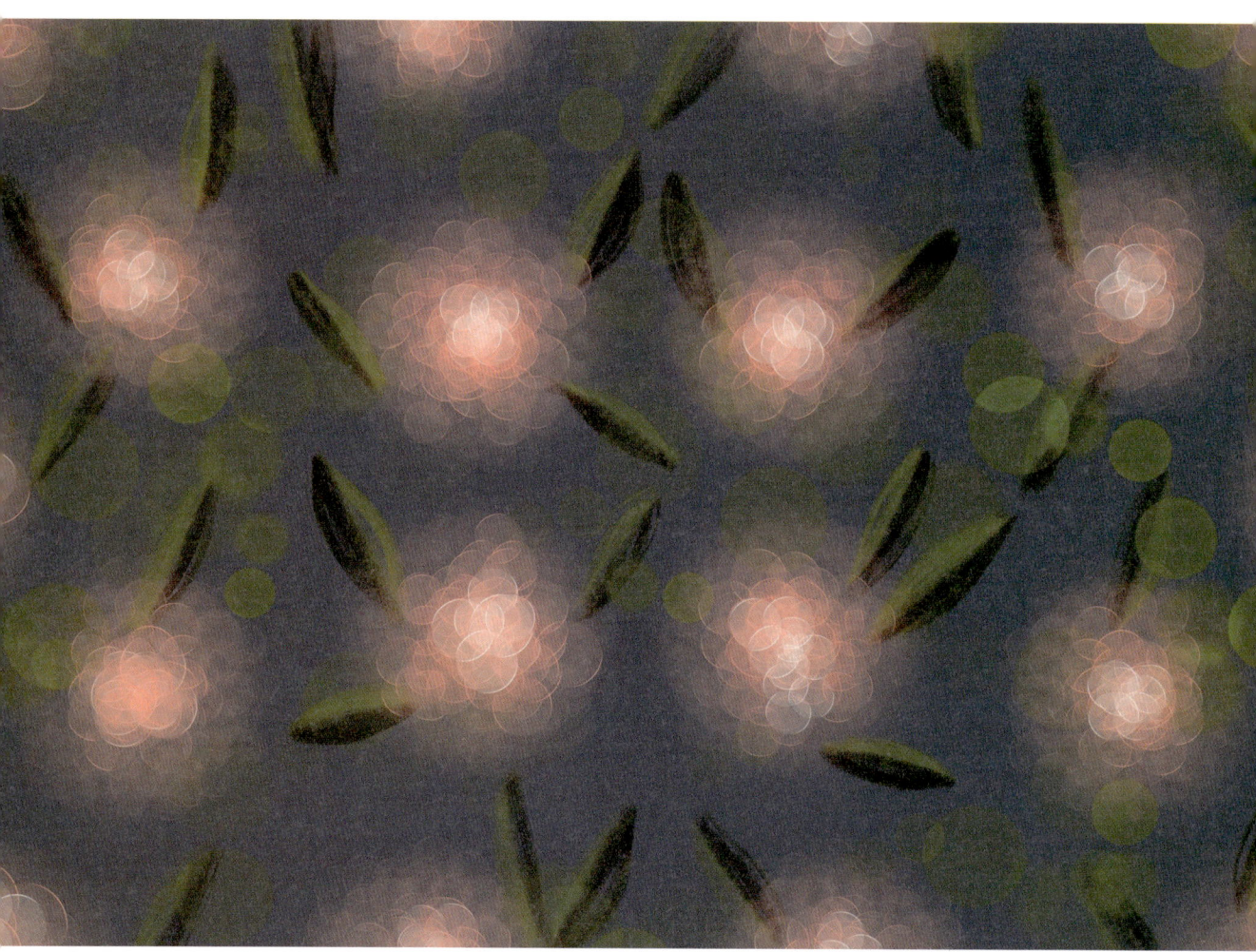

연습 2. 꽃 패턴

꽃 패턴 color

1

배경 색상 레이어를 눌러 색상표의 ①번 색으로 바탕색을 설정합니다.

2

[추상]-[옵티콘] 브러시를 선택하고 ②번 색을 사용합니다.

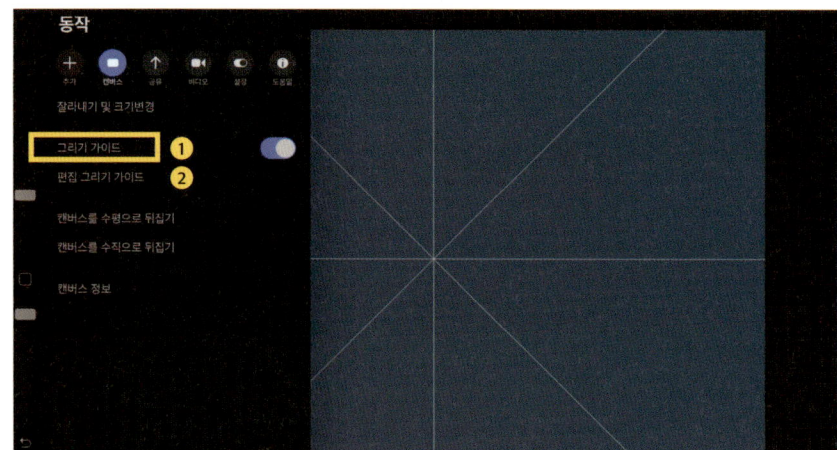

3

[동작]의 [캔버스] 탭에서 [그리기 가이드]를 체크합니다. 그런 후 [편집 그리기 가이드]를 눌러주세요.

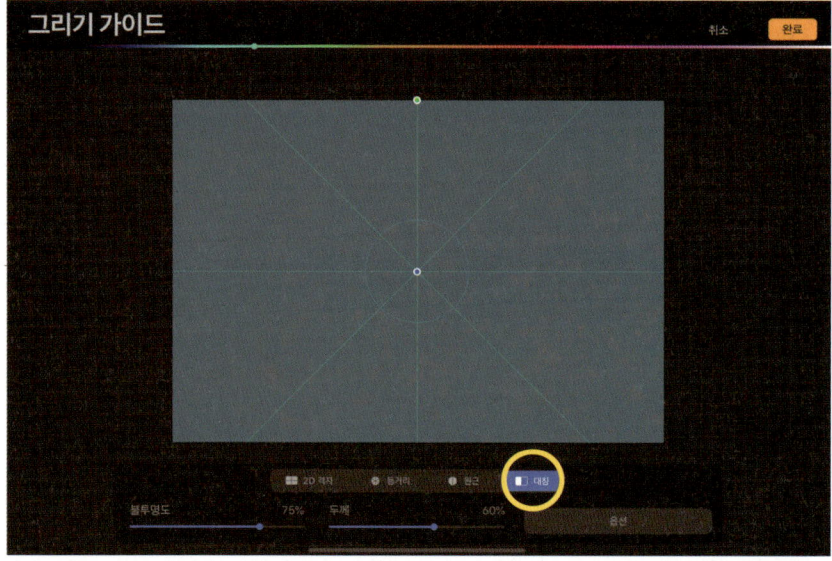

4

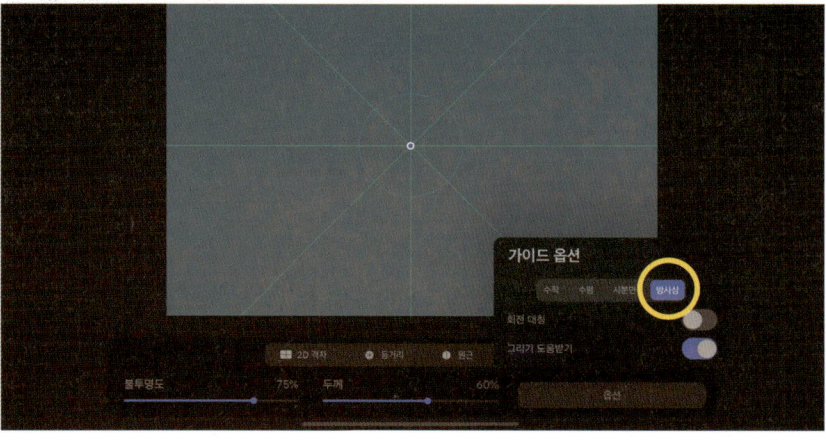

오른쪽 하단의 [대칭] 탭을 선택한 후 [옵션]의 [방사상]을 선택합니다. [그리기 도움받기]가 켜져 있는 것을 확인하고 오른쪽 상단의 [완료]를 누릅니다. ([회전 대칭]을 켜고 한 번, 끄고 한 번씩 그려보세요.)

연습 2. 꽃 패턴

5

툴바에서 브러시 크기를 30%로 조정하고 펜을 크게 동글려 가며 동그라미를 그립니다. 펜을 너무 세게 누르지 않도록 주의해주세요.

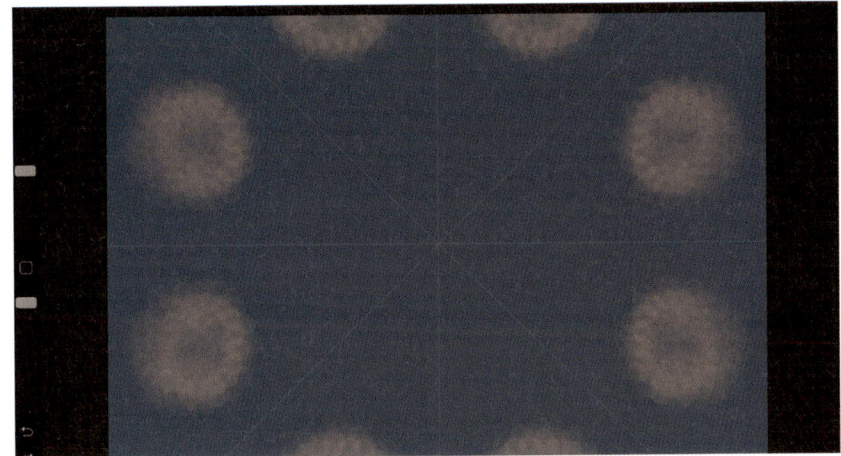

6

방금 그린 동그라미의 가운데를 톡톡 조금 세게 눌러 브러시 모양을 살려줍니다.

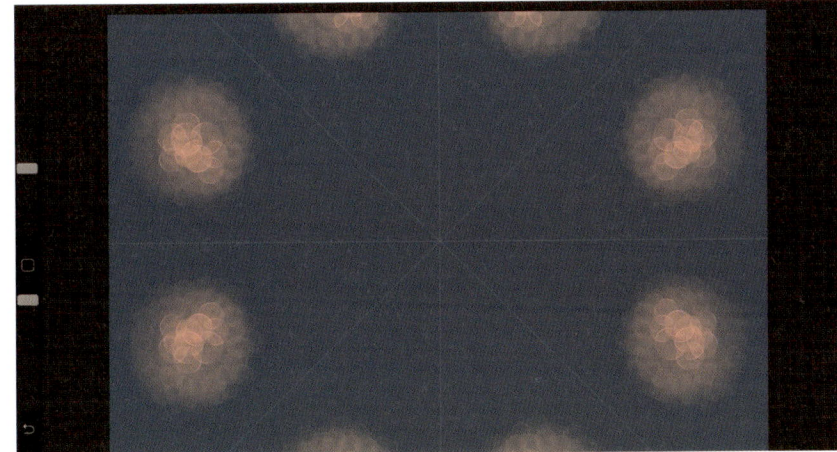

7

실제로 그린 꽃은 이 두 가지뿐이지만, [그리기 가이드]를 사용하고 있기 때문에 전체 캔버스에 패턴이 그려졌습니다.

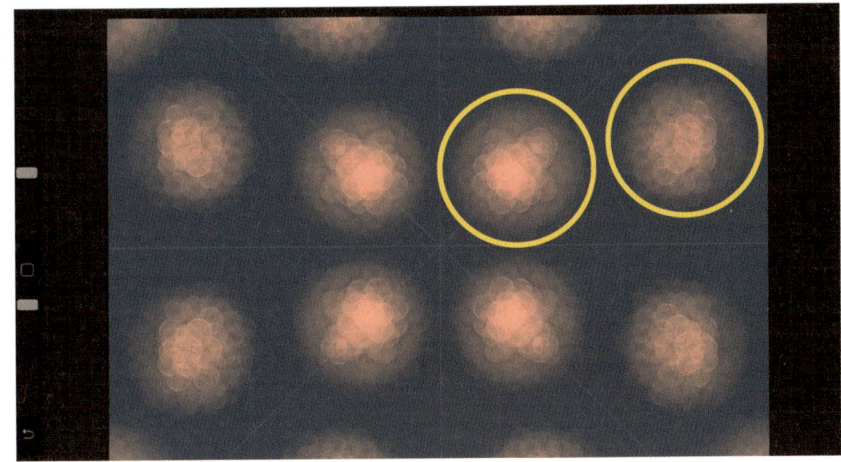

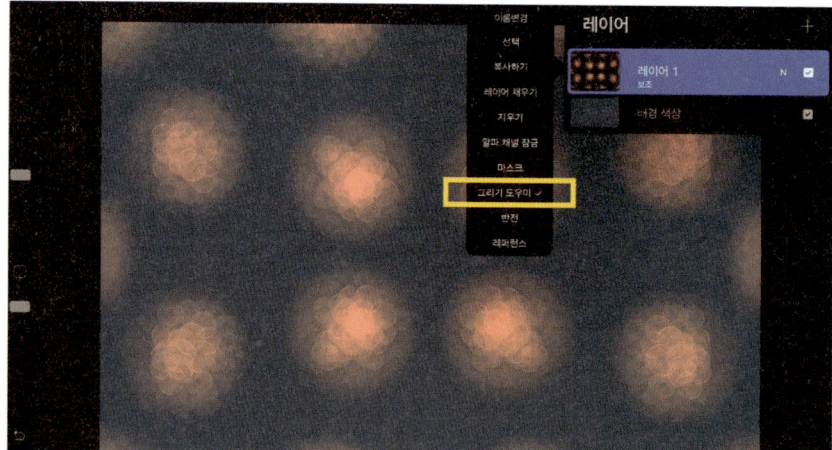

8

레이어를 눌러 [그리기 도우미]를 선택하면 대칭이 해제됩니다.

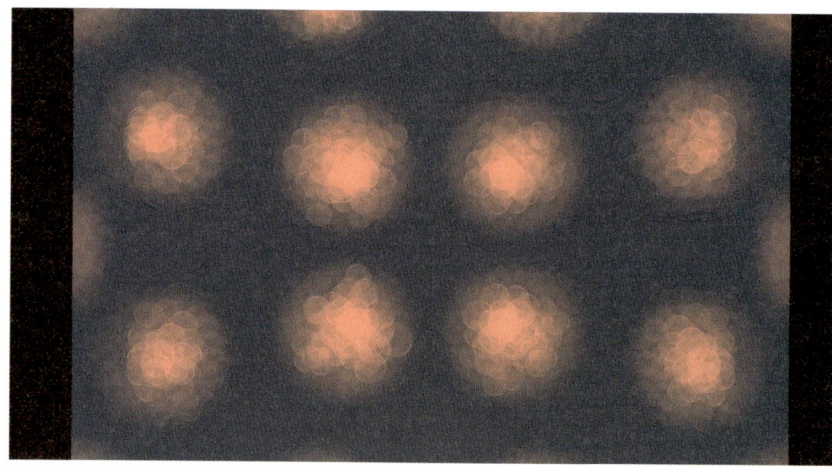

9

대칭 때문에 조금 어색했던 부분을 한 번씩 톡톡 쳐서 묘사를 더해줍니다.

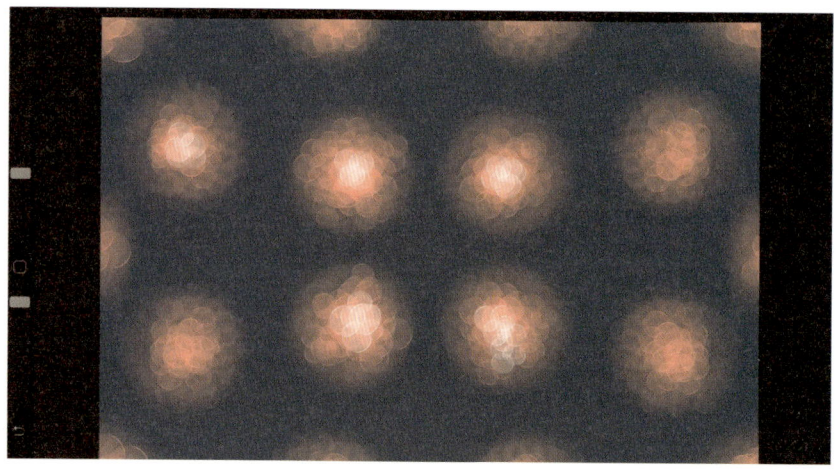

10

③번 색을 선택하고 꽃의 가운데를 조금씩 톡톡 쳐줍니다.

11

[추상]-[막] 브러시를 선택합니다.

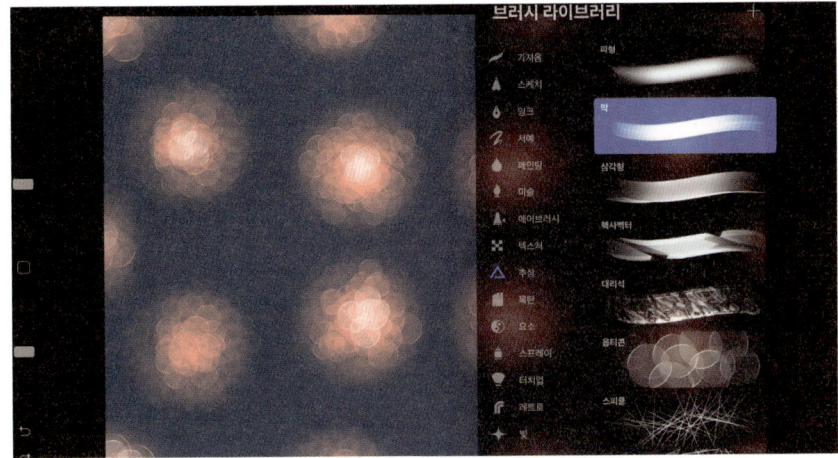

12

[12-13]
새 레이어를 만들고 레이어1 아래로 드래그합니다. 새 레이어에 ④번 색으로 꽃의 잎사귀를 그립니다.

13

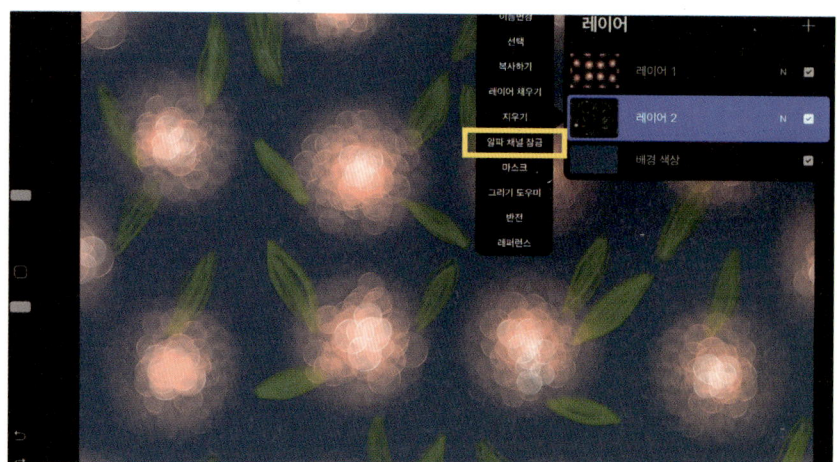

14

[목탄]-[버드나무 목탄] 브러시를 선택하고, 잎사귀를 그렸던 레이어에 [알파 채널 잠금]을 설정합니다.

15

⑤번 색으로 잎사귀의 반쪽을 칠합니다.

16

[추상]-[옵티콘] 브러시로 ③번 색을 선택하고 꽃의 가운데를 조금씩 톡톡 쳐줍니다.

연습 2. 꽃 패턴

17

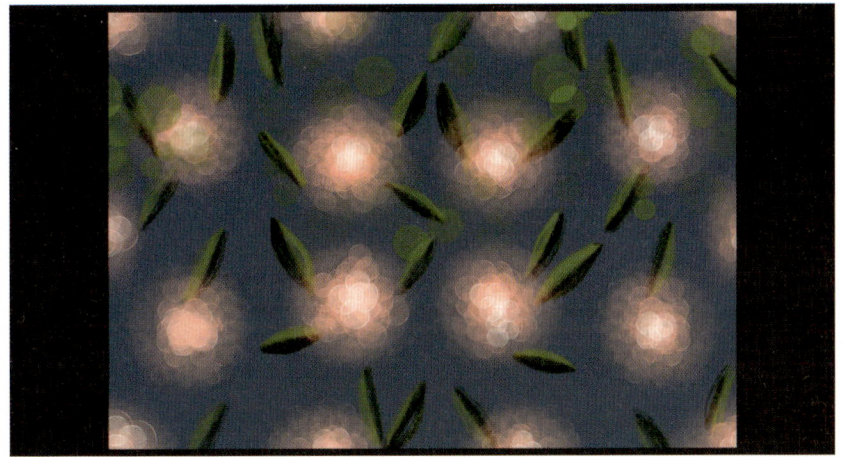

새 레이어를 만들고 [빛]-[보케] 브러시를 선택합니다. ④번 색으로 여기저기 톡톡 찍어주고, 해당 레이어를 레이어1의 아래로 옮겨 마무리합니다.

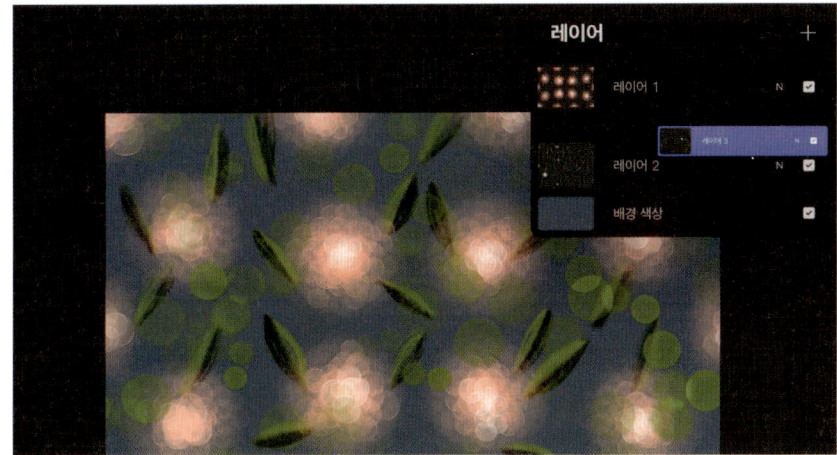

실전
:
작품 완성하기

- 리버스 드로잉
- 인물
- 동물
- 음식
- 풍경
- 우주

● 밤하늘

밤하늘 color

tip

책 마지막 장의 삽지에서 QR 코드를 스캔하여 스케치를 다운로드한 후에 그림을 그려주세요.

1

[스케치]-[소프트 파스텔] 브러시로 ①번 색을 아래쪽에 크게 칠합니다.

실전 1. 우주 _ 밤하늘

2

각자 마음에 드는 보라색(자유롭게 선택)과 ②번 색을 추가로 칠합니다.

3

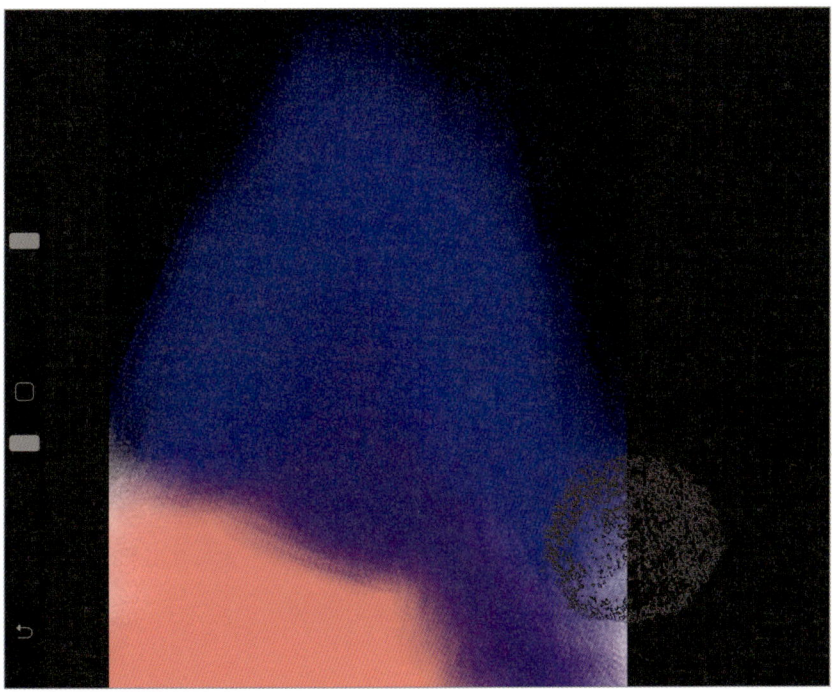

중간에 ③번 색을 끼워 넣어 색감을 풍부하게 만들어줍니다.

4

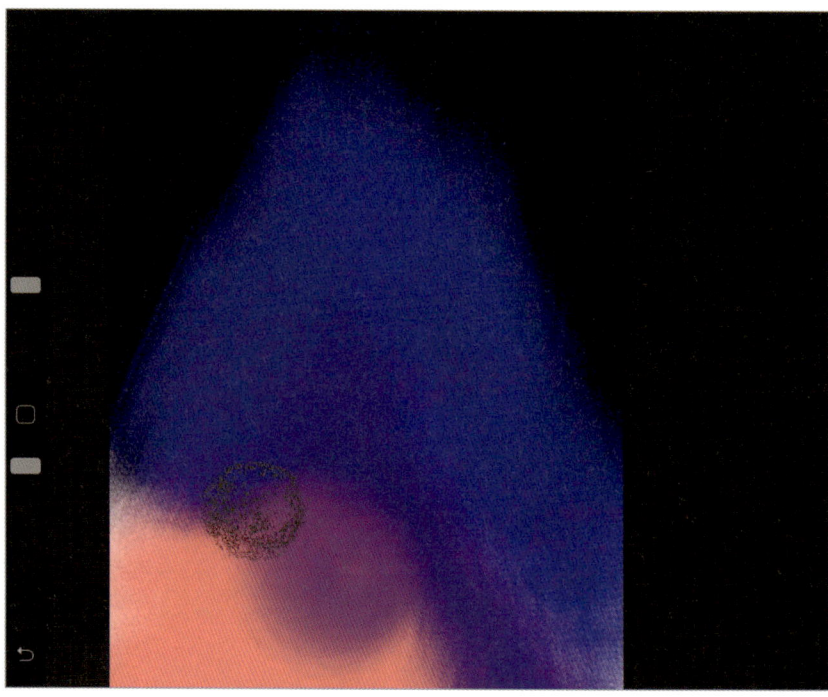

[4-5]
[손가락 툴]로 각 색의 경계들을 문질러 자연스럽게 섞어주세요.

5

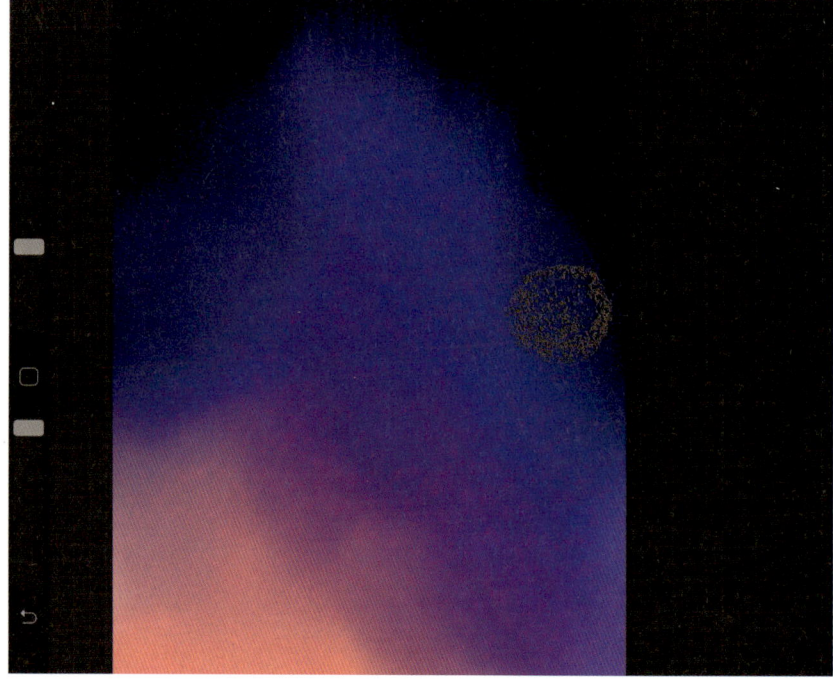

실전 1. 우주 _ 밤하늘

6

레이어를 추가하고 [빛]-[글리머] 브러시를 사용하여 ⑤번 색으로 하늘 여기저기에 별을 톡톡 찍어줍니다.

7

툴바에서 브러시 크기를 다양하게 조절하며 계속해서 별을 찍어줍니다.

8

별을 충분히 찍은 후 새 레이어를 만듭니다. [서예]-[분필] 브러시를 선택하여 ②번 색으로 아래쪽에 산을 그려줍니다. 툴바에서 브러시 크기를 작게 줄여 하늘과의 경계 부분에 풀을 그려줍니다. 이때 아래에서 위로 그려야 끝이 뾰족해지면서 더 풀 같아 보입니다.

9

이어서 가운데에 나무를 그립니다. 나무 기둥을 먼저 그린 후 잎사귀들은 톡톡 두드리는 방법으로 그려줍니다.

10

다시 레이어1을 선택하고, [스케치]-[소프트 파스텔] 브러시로 ④번 색을 사용하여 하늘의 가운데 부분을 세로로 길게 칠해줍니다.

11

[손가락 툴]을 선택하고 브러시의 크기를 키워 방금 칠한 색이 원래 하늘과 어우러질 수 있도록 경계 부분을 문지릅니다. 필압을 약하게 하여 전체적으로 문질러서 마무리합니다.

● 블랙 홀

블랙홀 color

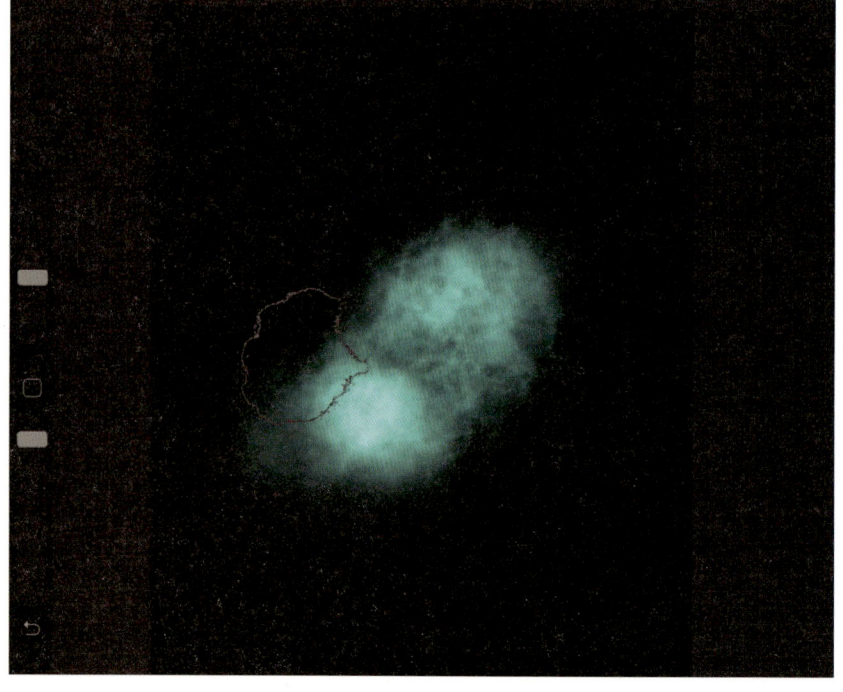

1

먼저, 배경 색상을 ⑤번 색(검은색)으로 설정합니다.
[빛]-[성운] 브러시를 사용하여 ①번 색을 가운데에 살살 그려 줍니다.

실전 1. 우주 _ 블랙홀

2

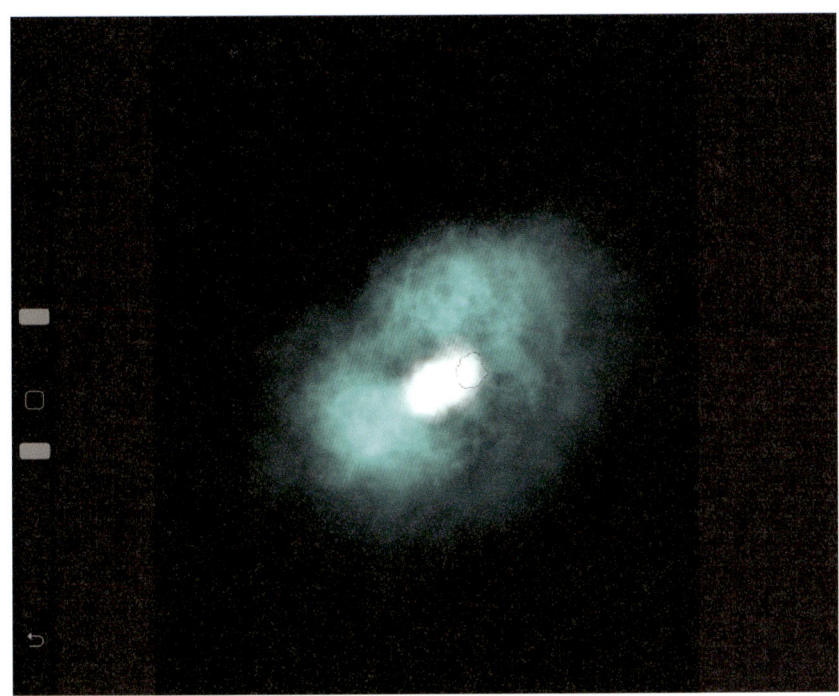

브러시 크기를 작게 줄여 ⑥번 색으로 방금 칠한 부분의 한가운데를 진하게 칠합니다.

3

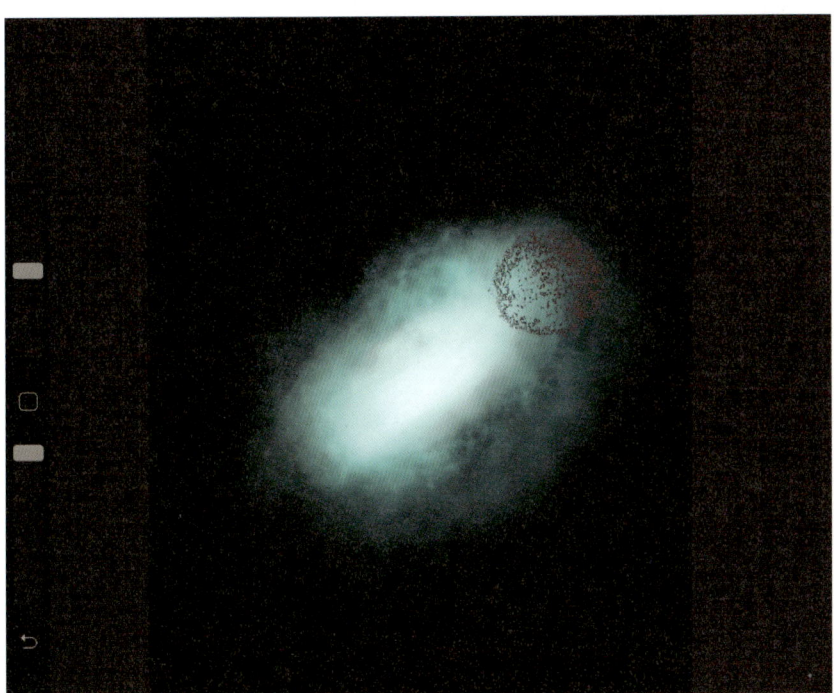

[손가락 툴]을 사용하여 경계 부분을 문질러줍니다.

4

[브러시]로 돌아와 브러시의 크기를 키워주세요. ②번 색으로 그림 전체의 테두리를 지나가듯 살살 문질러 색을 올려주고 가장 바깥쪽 가장자리 부분만 [손가락 툴]로 문질러줍니다.

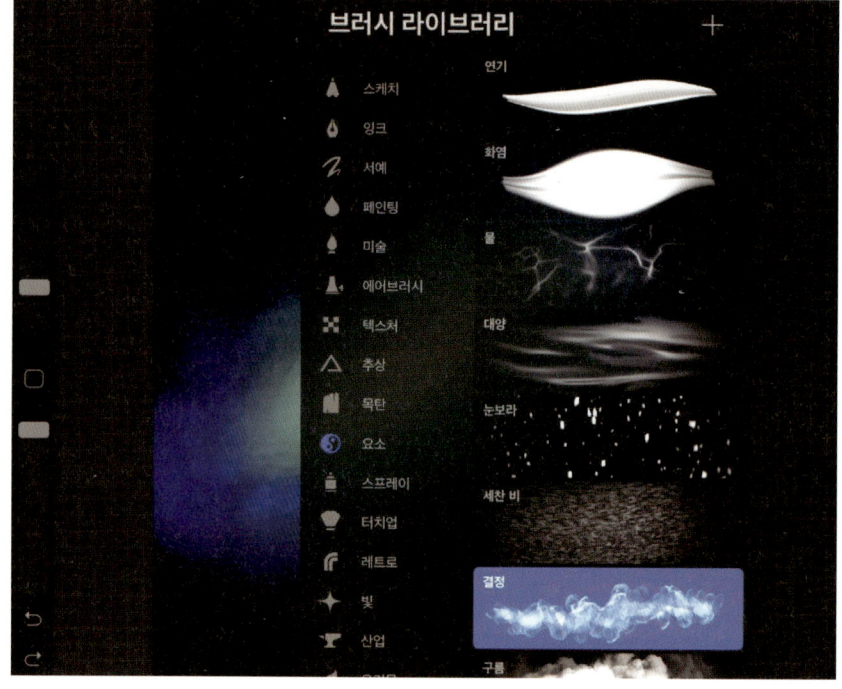

5

[5-6]
[요소]-[결정] 브러시를 선택하고 레이어를 추가합니다.

6

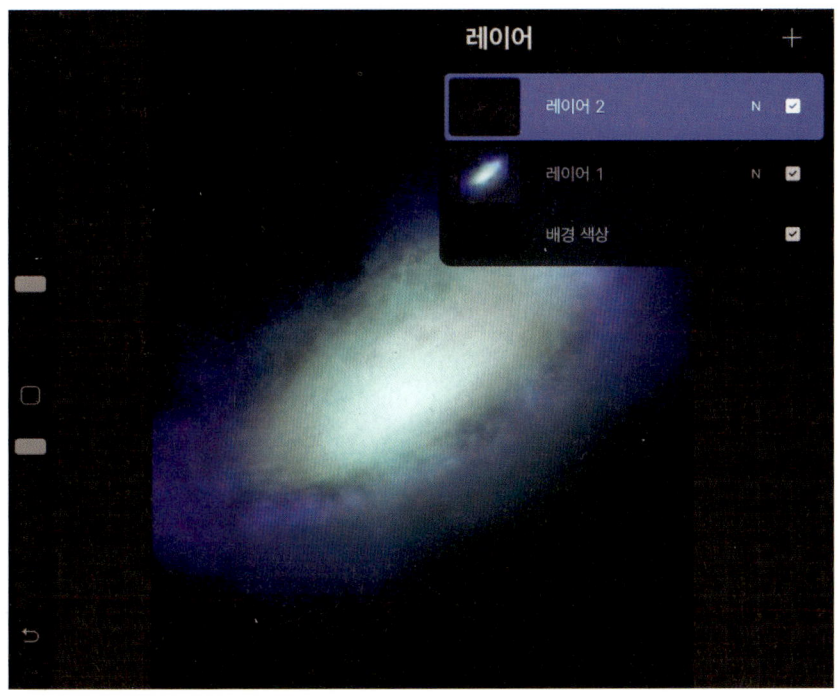

7

브러시 크기를 줄이고 ③번 색으로 아래쪽을 둥글게 그립니다. ⑤번 색으로 ③번 색을 칠한 면적보다 좁게 칠합니다.

8

④번 색으로 방금 묘사한 부분의 양쪽에 길게 뻗어나가는 듯한 선을 그립니다.
[요소]-[화염] 브러시를 선택하여 ⑥번 색으로 그림의 가운데 부분을 칠해 빛이 나는 것처럼 보이도록 그려줍니다.

9

방금 그린 부분의 위쪽만 [손가락 툴]로 문질러 풀어줍니다.

10

[10-11]
그림을 크게 확대하고, [요소]-[구름] 브러시와 ⑦번 색을 선택합니다.

중앙의 흰색을 기준으로 휘감아 들어가는 느낌이 들어야 하기 때문에 타원 아랫부분의 라운드를 생각하며 그려줍니다. 흰색 부분에 가까워질수록 사라지는 것처럼 표현해주세요.

11

12

7, 8번 과정과 10, 11번 과정에서 그린 부분이 자연스럽게 이어져야 합니다. 어두운 색을 살짝 넣어주세요. 흰색 광원을 기준으로 양옆에 돌아 들어가는 라운드를 좀 더 묘사해줍니다.

13

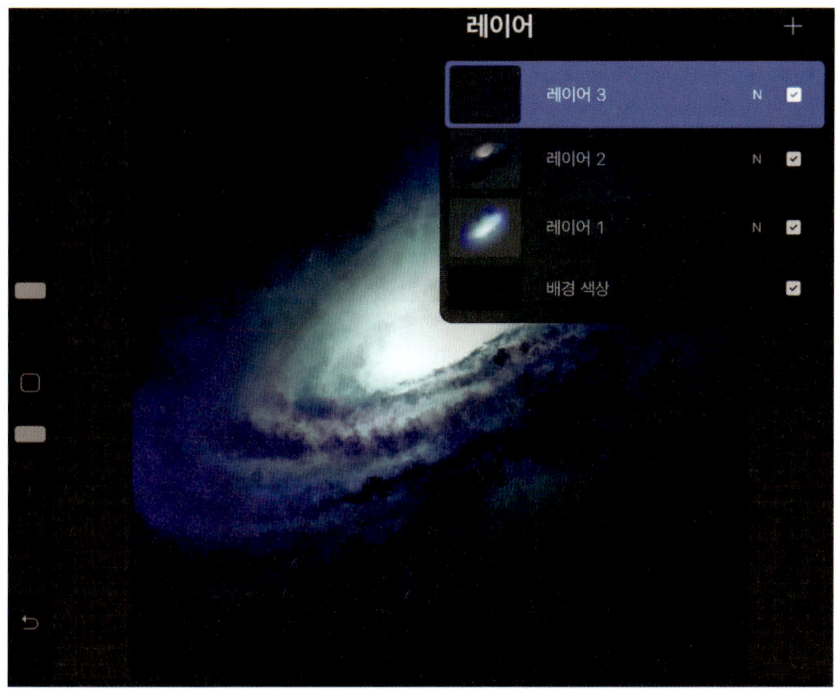

레이어를 추가합니다.

14

추가한 새 레이어에 [요소]-[화염] 브러시로 광원이 더 밝아지도록 ⑥번 색을 한 번 더 칠합니다.

15

광원의 위쪽만 [손가락 툴]로 문질러줍니다.

16

광원 아래쪽에 어두운 부분 위로 ⑥번 색을 조금씩 올리면 광원의 빛이 새어 나오는 것처럼 표현되고, 기체의 느낌도 강조할 수 있습니다.

17

양옆에도 같은 방법으로 중간중간 ⑥번 색을 얹어줍니다.

18

첫 번째 레이어를 선택한 후 [스케치]-[소프트 파스텔] 브러시를 사용하여 ⑥번 색으로 7, 8번 과정에서 그린 부분의 아래쪽을 지나가듯 칠해줍니다. 약한 필압으로 그려주세요. 브러시 크기는 30%입니다.

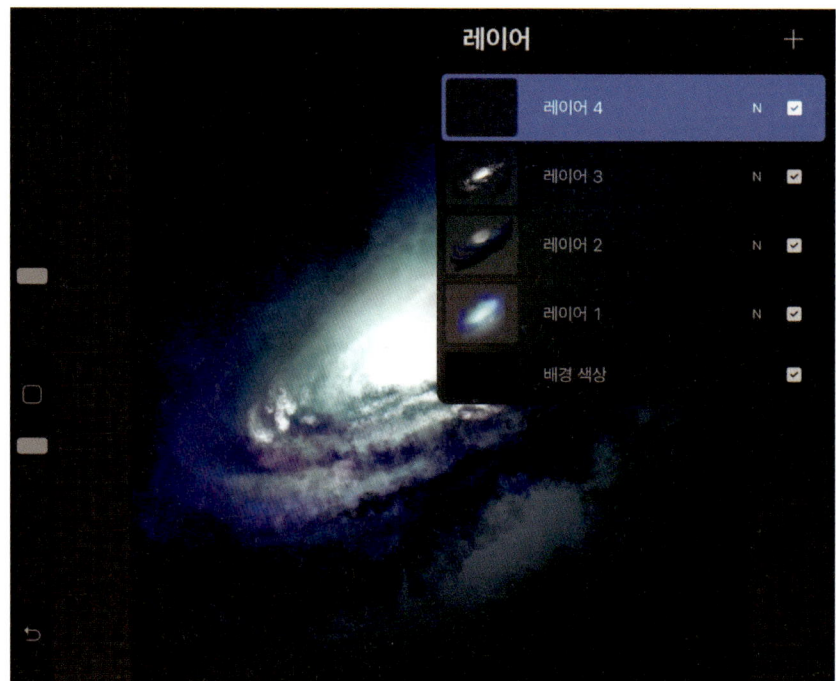

19

레이어를 추가합니다.

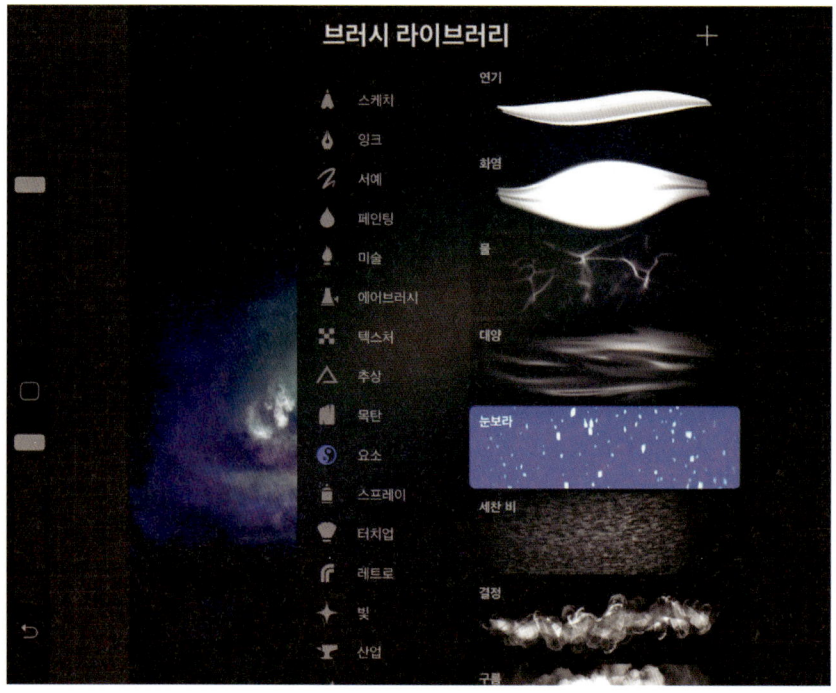

20

실전 1. 우주 _ 블랙홀

⑥번 색을 선택하고 추가한 레이어에 [요소]-[눈보라] 브러시로 별을 그려 마무리합니다. 브러시의 크기를 다양하게 바꿔가면서 전체적으로 톡톡 쳐주세요.

● 노을

노을 color

이번 그림에서는 [손가락 툴]을 활용하는 방법을 연습합니다. 힘을 조절하여 푸슬푸슬한 운무 느낌을 내주세요. 살살 문질러주어야 합니다.

1

[동작]-[캔버스]를 누릅니다.

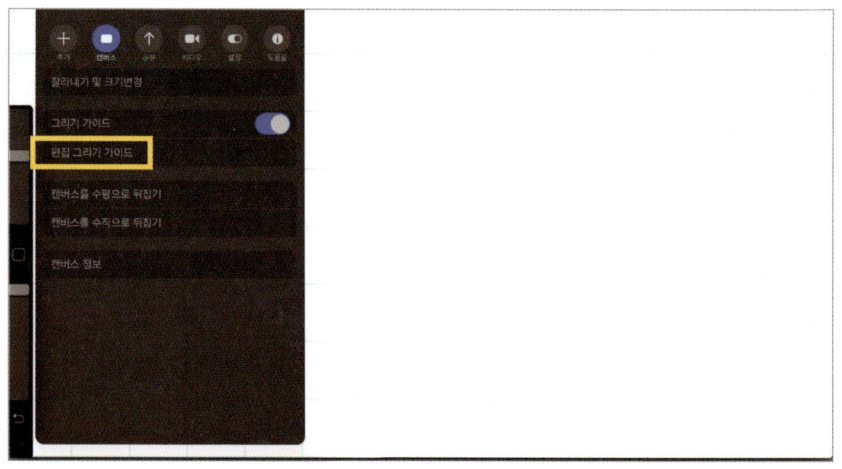

2

[그리기 가이드]를 켜고 아래의 [편집 그리기 가이드]를 선택합니다.

3

[대칭] 탭의 [옵션]을 누르고 [수평]과 [그리기 도움받기]를 켠 다음 오른쪽 상단의 완료를 누릅니다.

4

가로로 [그리기 가이드]가 생겼습니다. 위아래 중 한쪽에만 그림을 그려도 반전되어 다른 쪽에 함께 그려집니다.
[스케치]-[소프트 파스텔] 브러시를 20% 사이즈로 선택하여 ①번 색으로 노을의 가장 밝은 부분을 칠합니다. 좀 더 자연스러운 효과를 위해 오른쪽에는 흰 부분을 남겨주세요.

5

②번 색으로 앞서 그린 부분과 조금 겹치게 칠해주고 [손가락 툴]로 두 색 사이를 문질러 자연스럽게 섞어줍니다.

6

①번 색과 배경의 흰색 사이도 [손가락 툴]로 문질러 그러데이션 효과를 줍니다.

7

③번 색을 선택하고 가장 바깥쪽 부분에 넓게 칠한 뒤 [손가락 툴]로 문질러줍니다.

실전 2. 풍경 _ 노을

8

색이 부족한 오른쪽 부분에 ①번 색과 ②번 색을 조금 더 추가하고 [손가락 툴]로 문질러줍니다.

9

⑤번 색을 선택하고, 가장자리 위주로 색을 조금씩 끼워 넣은 뒤 [손가락 툴]로 문질러줍니다.

10

같은 색을 테두리와 오른쪽 중간에 좀 더 끼워 넣고 역시 [손가락 툴]로 문질러줍니다. 작은 구름이 역광으로 인해 어둡게 보이는 것을 표현하는 방법입니다.
하얗게 남겨둔 부분에도 브러시의 크기를 줄여서 구름을 둥글려 그리고 [손가락 툴]로 문질러줍니다.

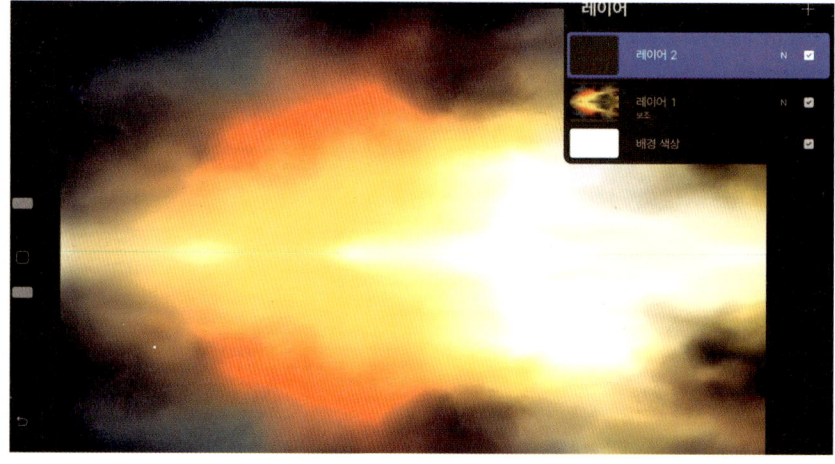

11

레이어를 추가합니다.

12

브러시의 크기를 좀 더 줄여주세요. 추가한 레이어에 [그리기 보조선]을 따라 ⑥번 색으로 높이의 변화를 주며 작은 풀숲을 그립니다.

13

[손가락 툴]을 사용하여 세로로 툭툭 치며 비벼줍니다. 풀의 느낌이 강조됩니다.

14

브러시의 크기를 좀 더 줄이고 ⑤번 색으로 나무를 그립니다.

15

브러시의 크기를 살짝 키워 ⑦번 색으로 톡톡 찍으면서 나무의 잎을 표현해줍니다.

16

[동작]-[캔버스]-[캔버스 잘라내기 및 크기변경]을 통해 세로 사이즈를 조금 줄이고 가로로 긴 캔버스를 만들면, 파노라마 느낌을 낼 수 있습니다.

17

레이어1, 2 모두 레이어를 한 번 더 눌러 [그리기 도우미]를 해제합니다.

18

아래쪽의 물 부분은 [손가락 툴]을 사용하여 가로로 문질러 물결을 표현합니다.

19

브러시 크기를 가장 작게 조정하고 레이어를 추가하여 ④번 색으로 작게 새를 그립니다. 숫자 3을 눕혀놓은 모양입니다.

20

점같이 작은 새도 그려서 멀리 날아가듯 표현하며 마무리합니다.

● 가을 들판

가을 들판 color

1

실전 2. 풍경 _ 가을 들판

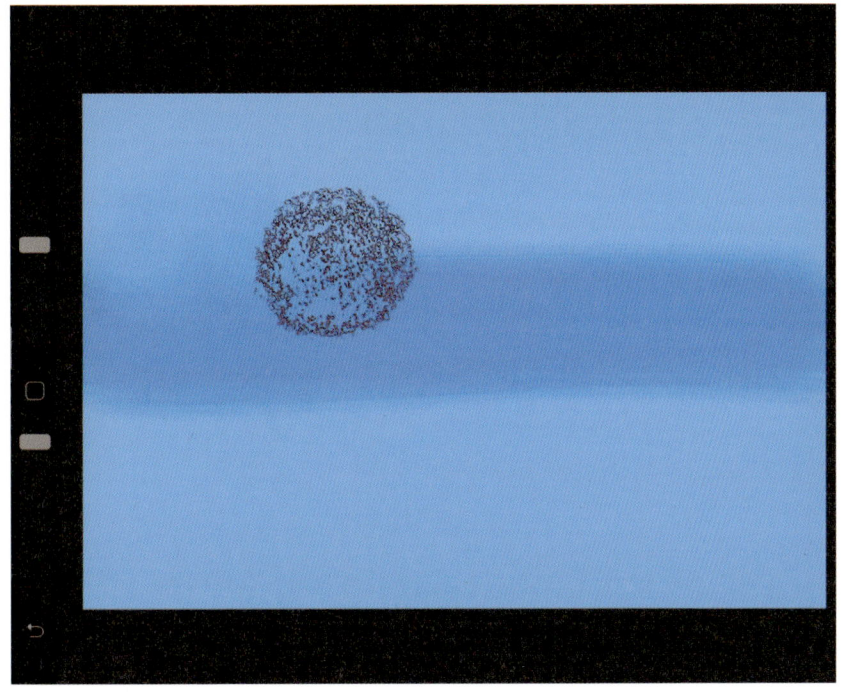

배경 색상을 ①번 색으로 설정하고, [스케치]-[소프트 파스텔] 브러시를 선택합니다. 새 레이어를 추가하여 조금 더 진한 ②번 색으로 하늘의 아래쪽을 칠하고 중간을 [손가락 툴]로 문질러 줍니다.

2

레이어를 추가한 후 아래쪽을 전부 ⑤번 색으로 칠해 들판을 그려줍니다.

3

새 레이어를 추가하고 ⑨번 색을 선택하여 [서예]-[분필] 브러시로 구름을 묘사합니다. 구름의 윗부분은 동글동글 굴려가며 그립니다.

4

구름의 아랫부분은 [손가락 툴]로 문질러 아래로 퍼트려줍니다. 이때도 동글동글 굴려서 묘사해주세요. 구름은 기체이지만 양감이 있습니다.

5

같은 방식으로 구름의 아래쪽에 작은 구름을 그려줍니다.

6

구름에 흰색이 너무 많아졌다면 그 위에 ②번 색을 얹고 [손가락 툴]로 문질러 흰색을 줄여줍니다.

7

지평선을 따라 구름을 쭉 그려줍니다. 계속 같은 방식으로 묘사합니다.

8

중간의 구름은 펜을 톡톡 치듯이 그립니다. 그러면 좀 더 푸슬푸슬한 느낌의 구름을 표현할 수 있습니다.

실전 2. 풍경 _ 가을 들판

9

맨 위쪽에 구름을 그린 후 브러시의 거친 자국이 남지 않도록 [손가락 툴]을 사용하여 전체적으로 문질러줍니다. 중간의 구름도 마찬가지로 전체를 문질러 줍니다. 가볍게 날리는 느낌의 구름입니다.

10

들판을 그린 레이어를 선택하고, 가장 아래에 ⑥번 색을 칠합니다.

11

실전 2. 풍경 _ 가을 들판

화면을 전체적으로 보면서 하늘의 밋밋한 부분에 구름을 조금 더 추가합니다.
이때, 구름 레이어가 선택된 상태여야 합니다.

12

들판 레이어로 돌아와 아래쪽 어두운 부분 위로 [서예]-[분필] 브러시를 사용하여 중간 톤의 ⑦번 색을 마구 올려줍니다. 그 후 [손가락 툴]로 문질러 줍니다.

13

실전 2. 풍경 _ 가을 들판

구름 레이어를 들판 레이어 아래로 옮겨 들판 레이어가 가장 위에 위치하도록 조정합니다. 그러고 나서 구름과 들판의 경계 부분을 정리합니다. 균일적으로 그려진 브러시 모양은 [지우개]로 지워주고 [스케치]-[소프트 파스텔] 브러시를 사용하여 ⑤번 색으로 아래에서 위로 짧게 풀 느낌을 살려 그립니다.

14

들판의 왼쪽 윗부분에 구름의 그림자를 그려줍니다. ⑥번 색을 올리고 [손가락 툴]로 문질러 자연스럽게 퍼트려줍니다.

15

[손가락 툴]을 사용하여 그림자의 아래쪽에 초록색을 끌어올려 풀 느낌을 살리고 브러시 크기를 작게 만들어 ⑤번 색으로 점을 찍듯 묘사합니다. 너무 뭉개지지 않도록 주의하며 [손가락 툴]로 톡톡 눌러줍니다.

실전 2. 풍경 _ 가을 들판

16

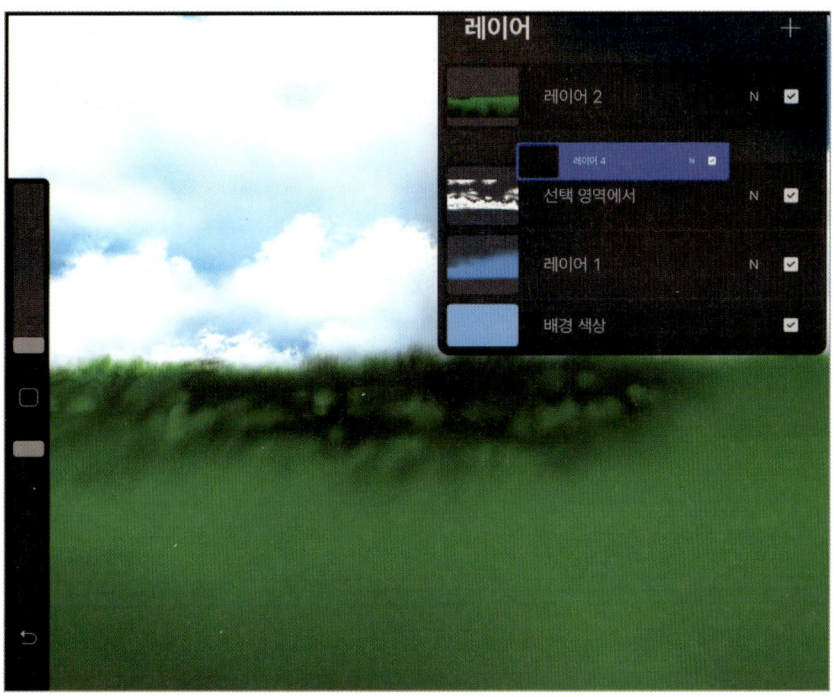

레이어를 하나 더 만들어 들판 레이어와 구름 레이어 사이에 놓습니다. ⑥번 색을 선택하고 [스케치]-[소프트 파스텔] 브러시로 나무 기둥을 그리고, [서예]-[분필] 브러시로 톡톡 치듯 나뭇잎을 그립니다.

17

[스케치]-[소프트 파스텔] 브러시를 선택하여 ⑧번 색으로 들판에 밝은 부분을 톡톡 올려줍니다. 그 후에 [손가락 툴]로 문질러줍니다.

실전 2. 풍경 _ 가을 들판

18

브러시의 크기를 줄여 먼 곳에도 밝은 부분을 표현해줍니다. 역시 [손가락 툴]로 문질러주며 마무리합니다.

19

밝은 부분 중간중간에 ④번 색을 끼워 넣고 [손가락 툴]로 문질러줍니다.

20

크기를 작게 줄인 브러시로 ④번 색을 점 찍듯 묘사하여 먼 곳의 풀을 나타냅니다. 이때도 [손가락 툴]로 살짝 문질러주어야 합니다.

실전 2. 풍경 _ 가을 들판

21

⑥번 색으로, 들판의 왼쪽 끝 중간에서 오른쪽으로 대각선 아래 방향을 따라 칠한 후 [손가락 툴]로 문질러줍니다. 이때 세로 방향으로 문질러주면 풀 느낌이 납니다.

22

들판의 오른쪽에 ⑦번 색을 넓게 칠해 어둡게 처리하고 [손가락 툴]로 문질러줍니다.

실전 2. 풍경 _ 가을 들판

23

⑧번 색으로 들판 중간에 색을 한 번 더 끼워 넣어줍니다.

24

21번 과정에서 그린 어두운 부분의 위쪽에 ⑨번 색을 콕콕 찍어 꽃을 그려줍니다.

25

흰색 꽃 아래쪽에 ⑥번 색을 조금 더 올려주세요. [손가락 툴]을 사용하여 세로 방향으로 문질러 풀어줍니다.

26

실전 2. 풍경 _ 가을 들판

들판 중간의 밝은 부분을 ⑧번 색으로 톡톡 치듯이 묘사합니다. 이 부분은 밝은 색의 풀이 되기도 하고, 꽃 무리가 되기도 하고, 빛이 반짝이는 느낌이 나기도 합니다.

나무에 가까워질수록 브러시 사이즈를 작게 조정하여 거리감을 확실히 표현합니다.

27

⑦번 색으로 오른쪽 들판을 좀 더 묘사하고 [손가락 툴]로 문질러줍니다.

28

⑨번 색으로 꽃을 좀 더 그려줍니다. 가장 먼 들판에도 크기를 작게 줄인 브러시로 톡톡 찍어줍니다.

29

⑨번 색으로 [빛]-[보케] 브러시를 선택하여 전체적으로 살짝 두드려 빛 효과를 주고 마무리합니다.

● 도넛

1~28번은 도넛 1개를 완성하는 과정입니다. 이를 반복하여 총 6개의 도넛을 그리면 한 장의 그림이 완성됩니다. 꼭 이렇게 패턴처럼 여러 개를 그리지 않아도 됩니다. 캔버스의 한 가운데에 도넛이 한 개만 놓여 있다 생각하고 하나만 연습하셔도 괜찮습니다. 또는, 여섯 개의 도넛을 동시에 그려나가도 좋습니다.

사용한 색상이 많아 편의를 위해 빵 ①~④번 색과 글레이즈 ①~⑧번 색으로 나누었습니다. 이 중 글레이즈 ④번 색은 배경 색상으로 지정하고, 글레이즈 ⑥, ⑦번 색으로는 도넛의 색을 바꿔보세요. 29번 과정의 진한 색 글레이즈 도넛들이 이 색상을 사용하여 그린 것입니다.

1~28번 과정과 약간 다른 방법으로 그린 도넛은 영상에 자막으로 표시하였습니다.

도넛 color

1

[1-2]
[서예]-[모노라인] 브러시를 선택하고 빵 ①번 색으로 동그라미를 여섯 개 정도 그려줍니다. 완벽한 정원이 아니어도 괜찮습니다. 오른쪽 상단의 컬러를 드래그하여 각 원 안에 끌어다 넣어 주세요.

2

3

빵 ②번 색으로 미소 짓는 입 모양 같은 곡선을 그립니다.

4

선의 아래쪽을 [손가락 툴]로 문질러서 아래로 퍼트려줍니다.

실전 3. 음식 _ 도넛

5

가운데 부분은 [지우개]로 동그 랗게 지워주세요.

6

지운 부분의 왼쪽 상단에 테두 리를 따라 빵 ②번 색으로 곡선 을 그려줍니다.

7

[손가락 툴]을 사용하여 왼쪽 상단 방향으로 문질러준 후 레이어를 추가합니다. 새 레이어에 [서예]-[모노라인] 브러시를 사용하여 글레이즈 ①번 색으로 빵의 모양을 따라 원을 그려줍니다.

8

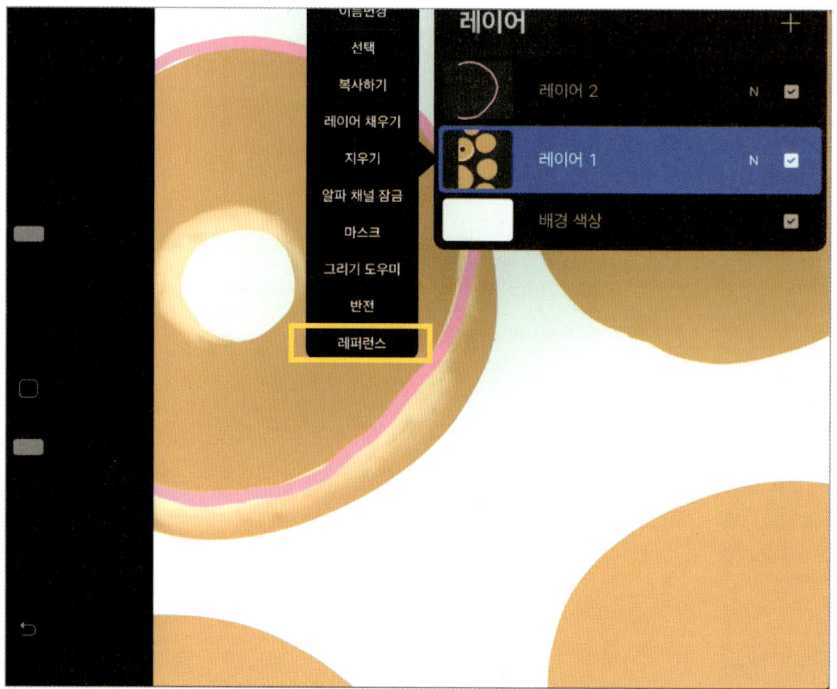

빵을 그린 레이어1을 선택한 후 [레퍼런스]를 적용합니다.

실전 3. 음식 _ 도넛

9

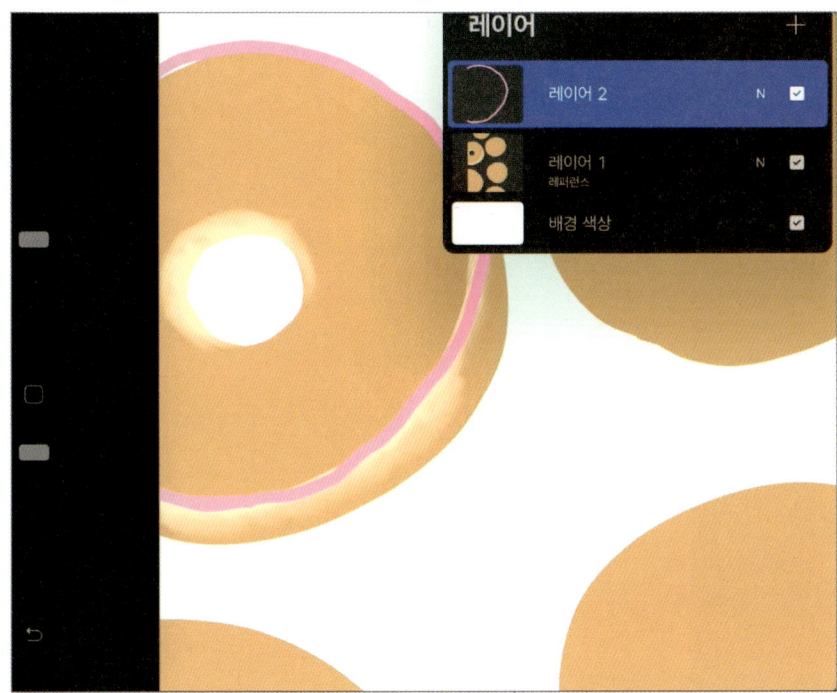

레이어2로 돌아갑니다.

10

오른쪽 상단의 컬러를 드래그하여 색을 채워줍니다.
[레퍼런스]를 적용하면 해당 레이어에 그려진 그림의 범위만큼 그림을 그릴 수 있기 때문에, 레이어1의 빵 모양대로 레이어2에 색이 채워졌습니다.

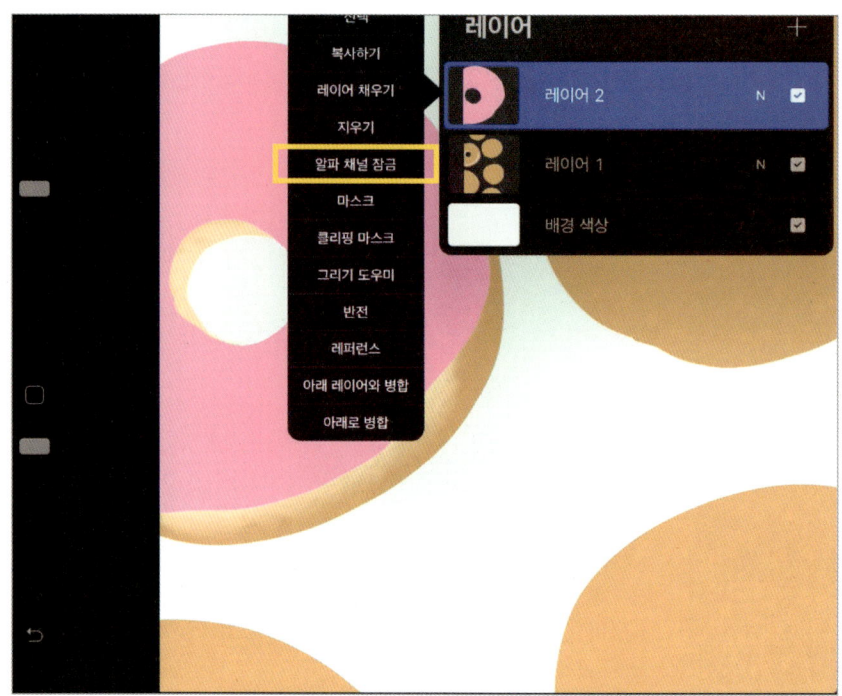

11

레이어2를 선택하고, 이번에는 [알파 채널 잠금]을 적용합니다.

12

글레이즈 ②번 색을 사용하여 분홍색 부분의 음영을 표현합니다. [알파 채널 잠금]을 사용하고 있기 때문에 레이어2에 그려져 있던 그림을 벗어난 곳에는 그려지지 않습니다.

13

방금 칠한 진한 분홍색의 경계 부분을 [손가락 툴]로 잘 문질러 그러데이션 합니다.

14

글레이즈 ③번 색을 선택하고 분홍색 크림의 가운데 부분에 빵의 모양을 따라 곡선을 그려줍니다.

15

[손가락 툴]로 문질러 자연스러운 윤기를 만들어주세요.

16

글레이즈 ⑧번 색으로 가장 어두운 부분을 얇게 표현해줍니다.

17

[손가락 툴]로 문질러 입체감을 표현하며 마무리합니다.

18

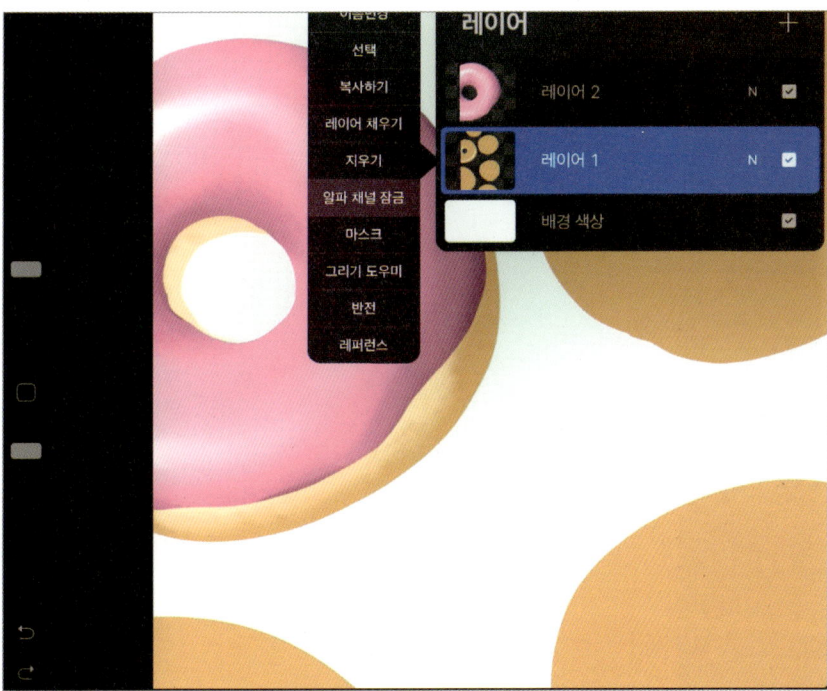

레이어1도 [알파 채널 잠금]을 설정합니다.

19

빵 ③번 색으로 빵의 오른쪽과 아래쪽을 칠한 뒤 [손가락 툴]로 문지릅니다.

20

가운데 동그란 구멍의 안쪽도 똑같이 해줍니다. 그러면 도넛에 양감이 생깁니다.

21

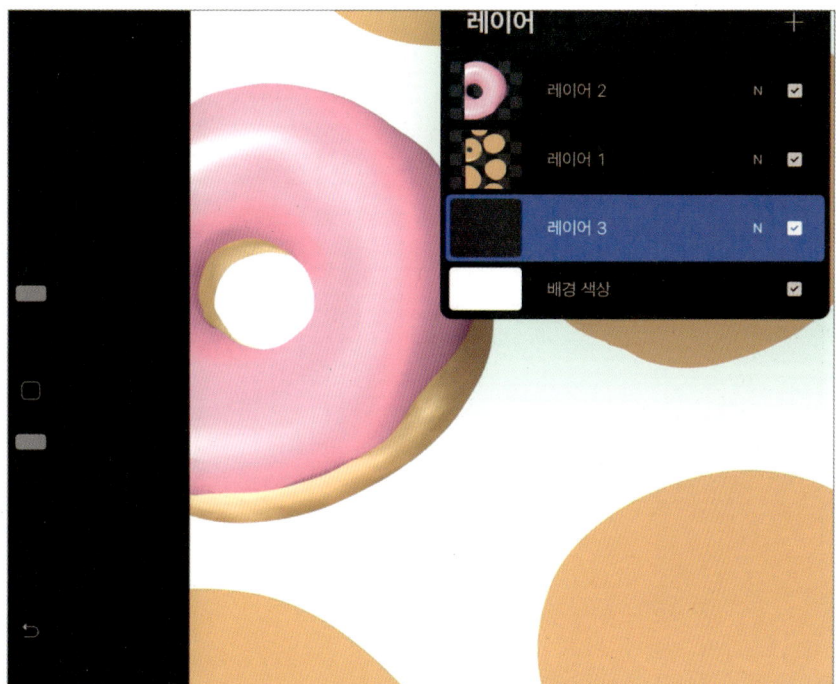

레이어를 추가해 가장 아래로 배치합니다.

22

글레이즈 ⑤번 색을 사용하여 그림자를 그려줍니다. 바닥과의 경계 부분은 [손가락 툴]로 문질러주세요.

23

가운데 구멍의 안쪽에도 같은 방식으로 그림자를 그려줍니다.

24

글레이즈를 좀 더 밝게 표현합니다. 글레이즈 ③번 색으로 빛을 받는 부분을 살짝 그립니다.

25

[손가락 툴]로 문질러줍니다.

26

레이어1을 선택해, 빵 ④번 색으로 빵의 음영을 한 번 더 표현해줍니다.

27

마찬가지로 [손가락 툴]로 문질러 자연스럽게 그러데이션 합니다.

28

레이어를 추가하여, 다양한 색상으로 글레이즈 위에 토핑을 그립니다. 동글동글하게 그려주세요.

29

레이어를 잘 확인해가며 지금까지의 과정을 반복합니다. 레이어1에 빵을 그렸기 때문에 나머지 5개의 빵도 레이어1에 그려줍니다. 빵은 빵끼리, 글레이즈는 글레이즈끼리, 토핑은 토핑끼리, 그림자는 그림자끼리 각 레이어에 모이도록 그려주세요.

30

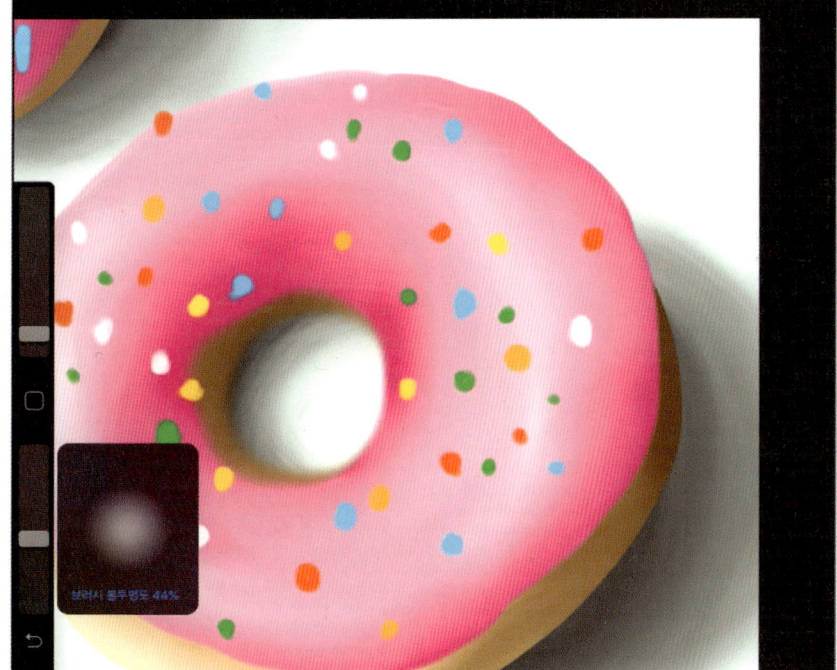

가장 위에 레이어를 하나 더 만들고, 검은색을 선택합니다. 툴바에서 브러시의 불투명도를 40%로 설정합니다.

31

토핑도 전부 양감이 있기 때문에 글레이즈 위에 올라가 있는 것처럼 보이려면 그림자가 있어야 합니다. 토핑의 반 정도를 같이 칠해준다 생각하고 토핑의 오른쪽 아래에 동글동글한 모양으로 그림자를 그립니다.

32

빵이 그려진 레이어를 선택하고, 글레이즈 아래를 좀 더 어둡게 빵 ④번 색으로 칠해줍니다.

실전 3. 음식 _ 도넛

33

[손가락 툴]로 문질러 자연스럽게 풀어주면 완성입니다.

●
석
류

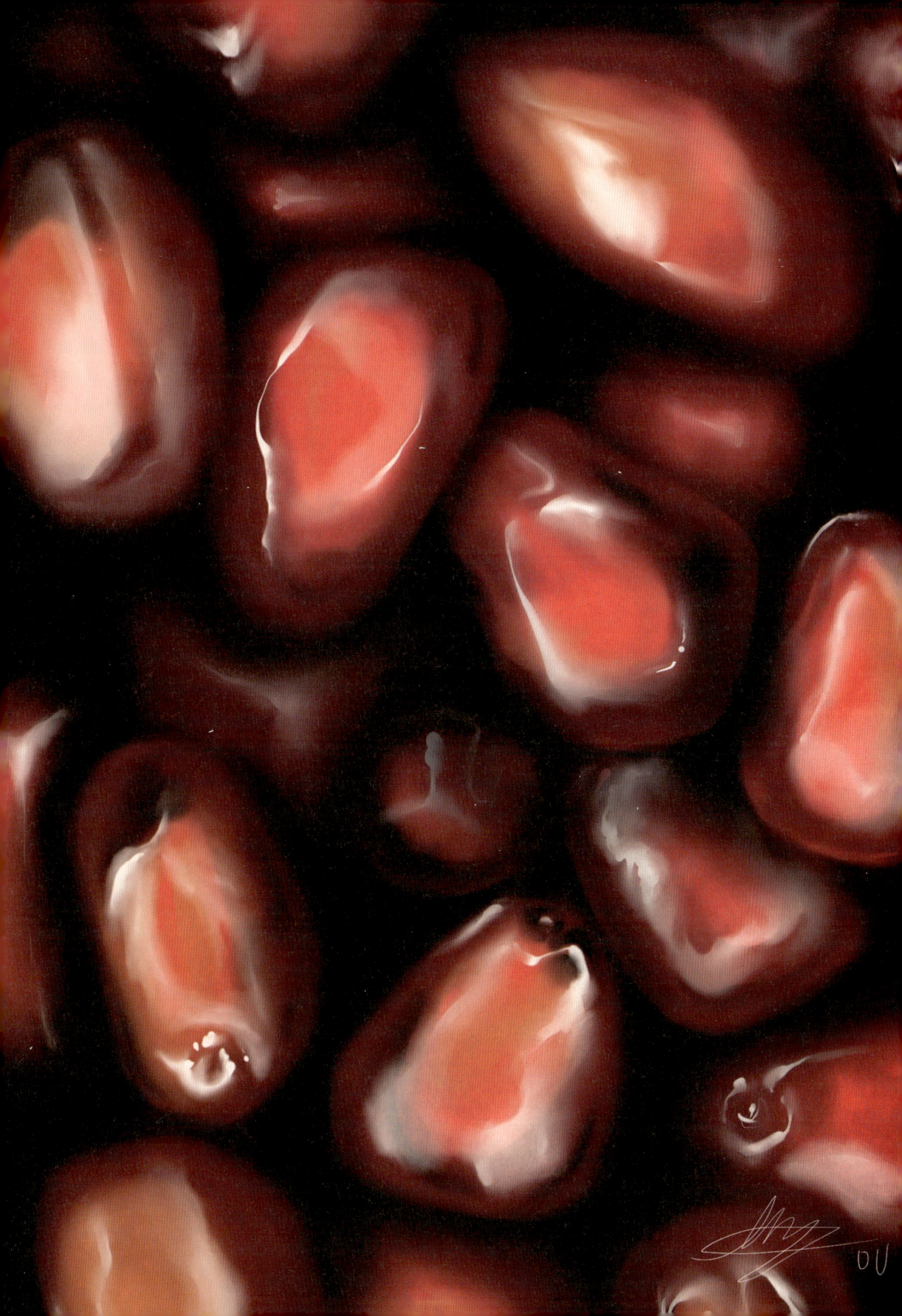

석류 color

tip
책 마지막 장의 삽지에서 QR 코드를 스캔하여 스케치를 다운로드한 후에 그림을 그려주세요.

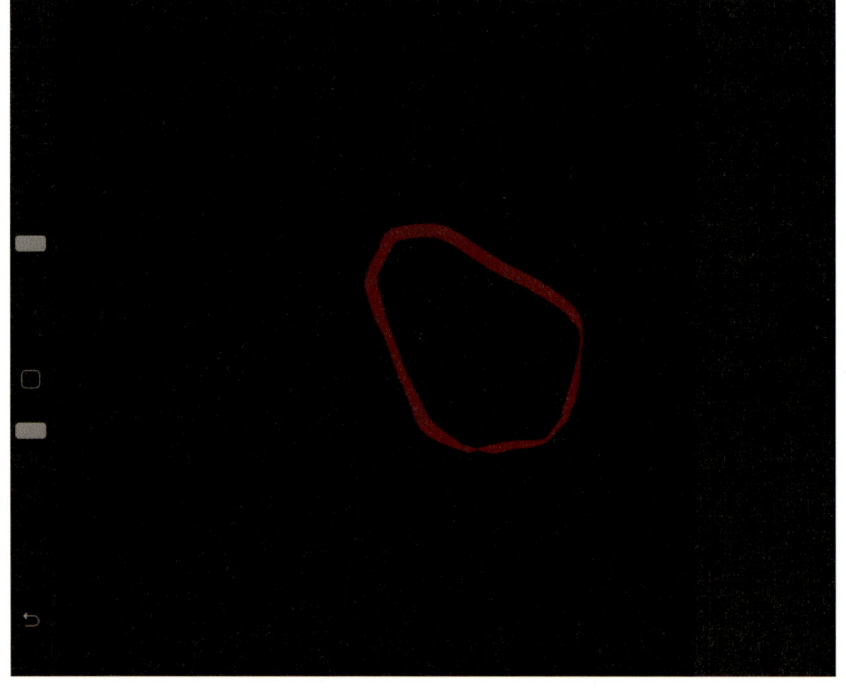

1

배경 색상을 검은색으로 지정하고 레이어를 추가합니다. [잉크]-[스튜디오 펜] 브러시를 사용하여 스케치를 따라 ①번 색으로 석류 한 알을 그립니다. 테두리를 그리고 컬러를 드래그해서 안을 채워주세요.
석류 알은 삼각뿔과 삼각기둥 모두에 가까운 형태입니다.

2

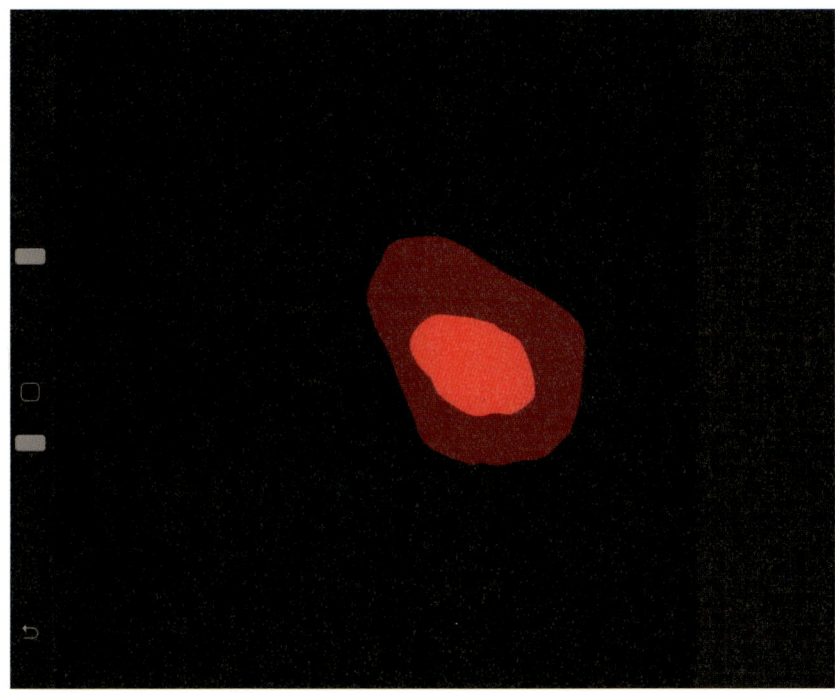

②번 색으로 석류 씨를 그리고, 1번 과정처럼 색을 채워줍니다.

3

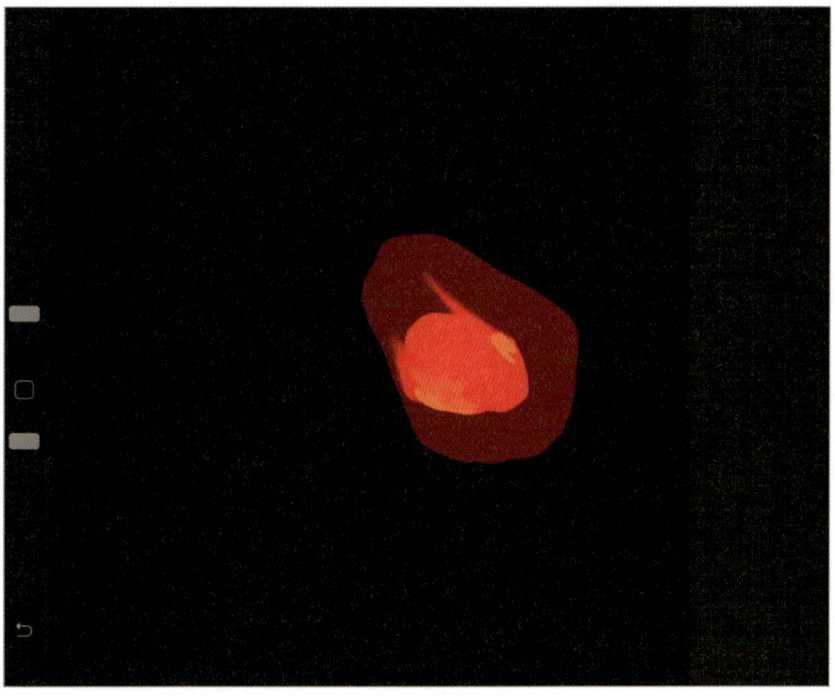

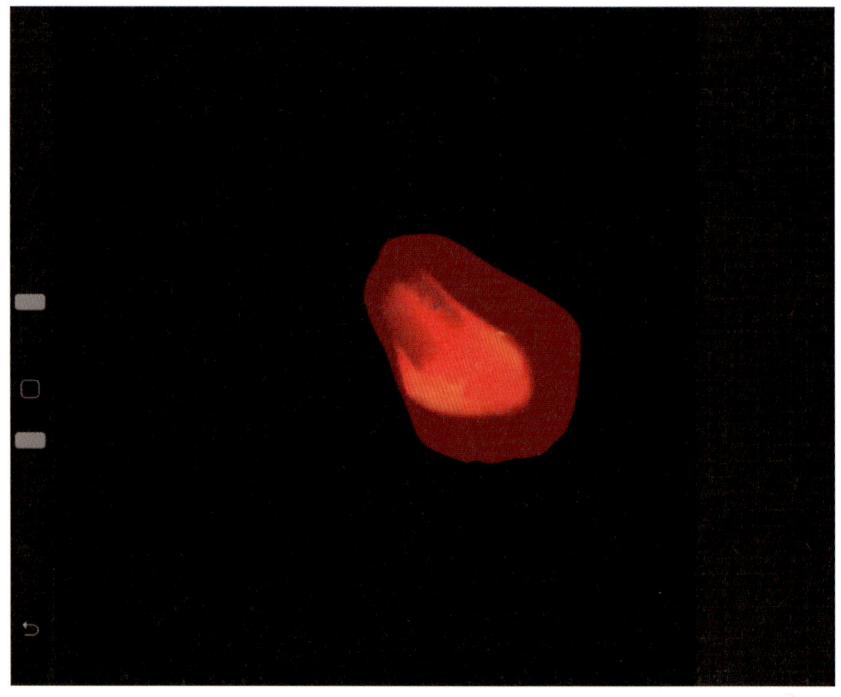

③번 색을 살짝 얹은 후 [손가락 툴]로 문질러 2번 과정의 색과 어우러지게 해줍니다. 사진과 같이 석류 씨의 테두리도 전체적으로 문질러주세요.

4

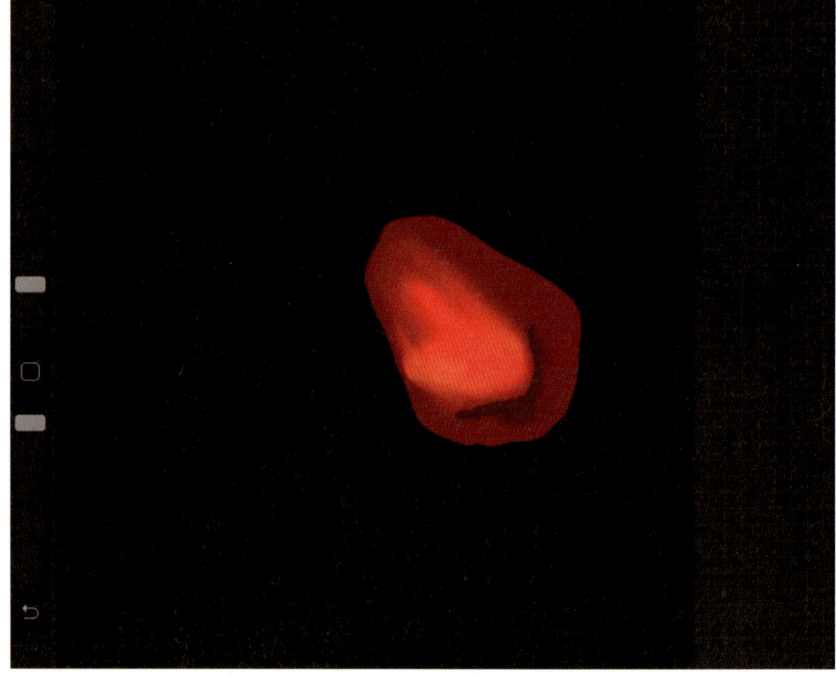

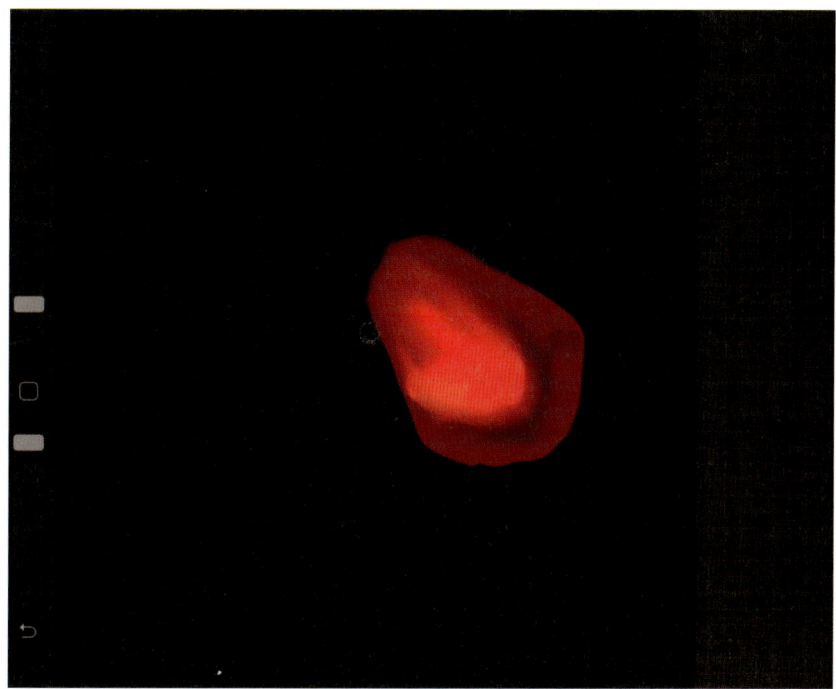

④번 색으로 석류 씨 아래를 칠하고 [손가락 툴]로 풀어줍니다.

5

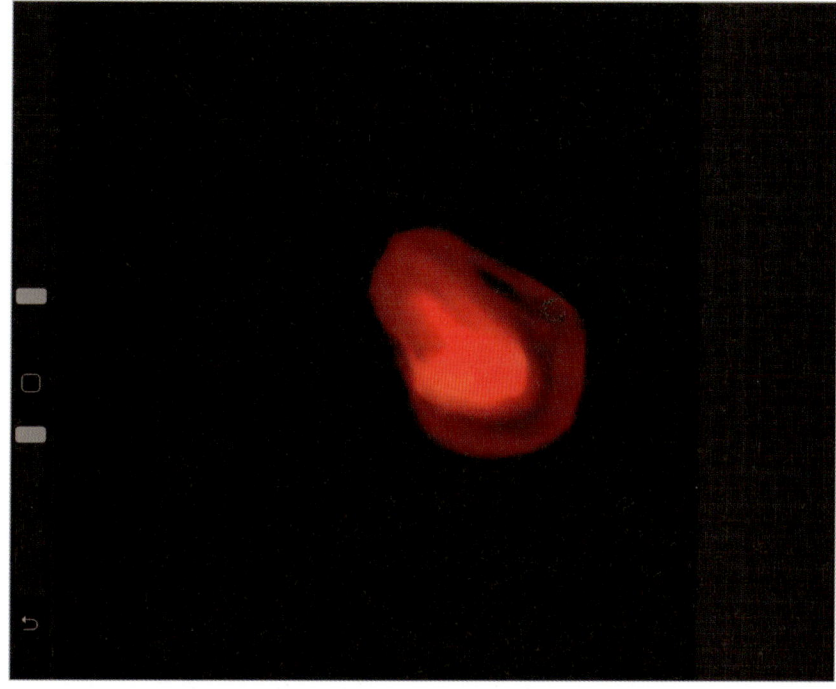

오른쪽 위의 과육 부분에 검은색을 조금 칠하고 [손가락 툴]로 문질러주세요. 석류 알이 반투명하기 때문에 배경인 검은색이 살짝 비치는 것처럼 하는 효과입니다.

6

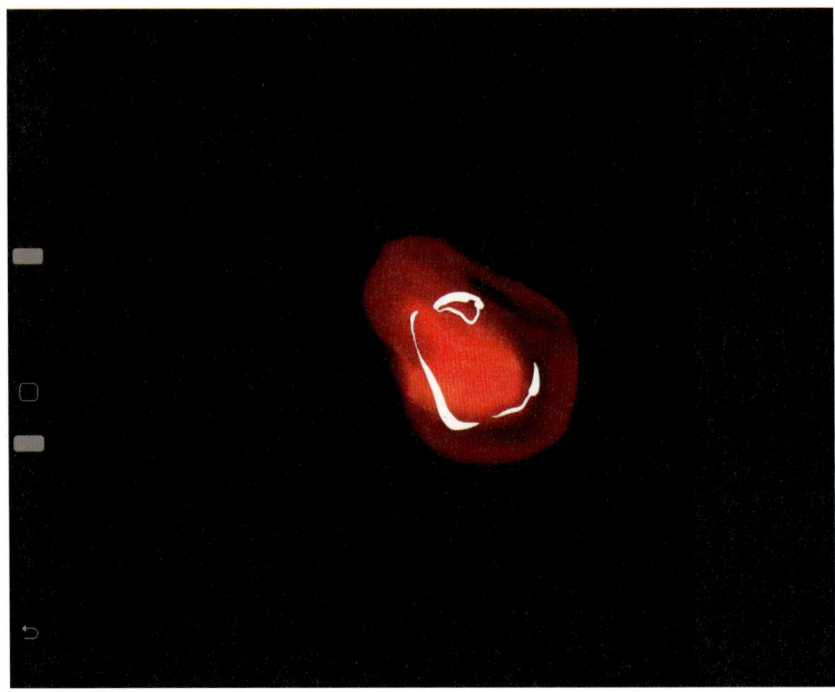

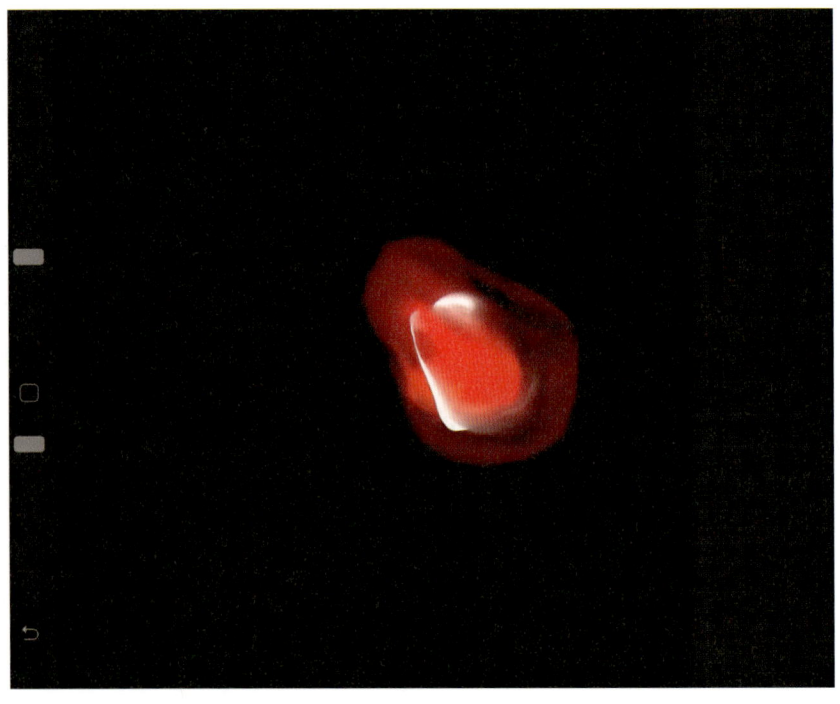

레이어를 추가하고 ⑤번 색으로 석류 알의 하이라이트를 표현합니다. 석류 알은 반짝거리기 때문에 광택을 내줄 거예요. 빛을 그리고 [손가락 툴]로 문질러줍니다.

7

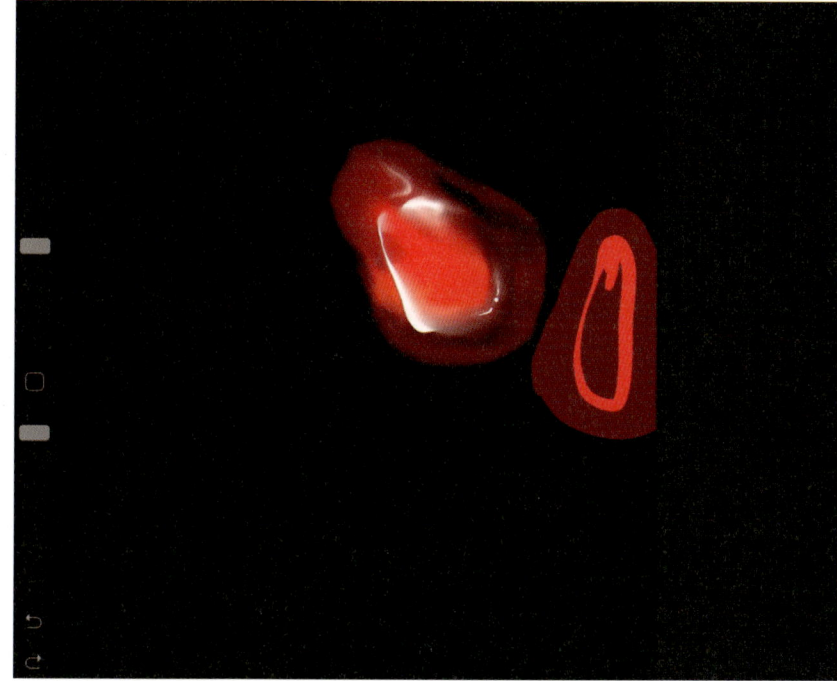

[7-10]
레이어를 구분하며 앞의 과정을 반복합니다. 석류 알을 그린 레이어와 ⑤번 색으로 하이라이트를 넣은 레이어를 잘 구분해 주세요.

8

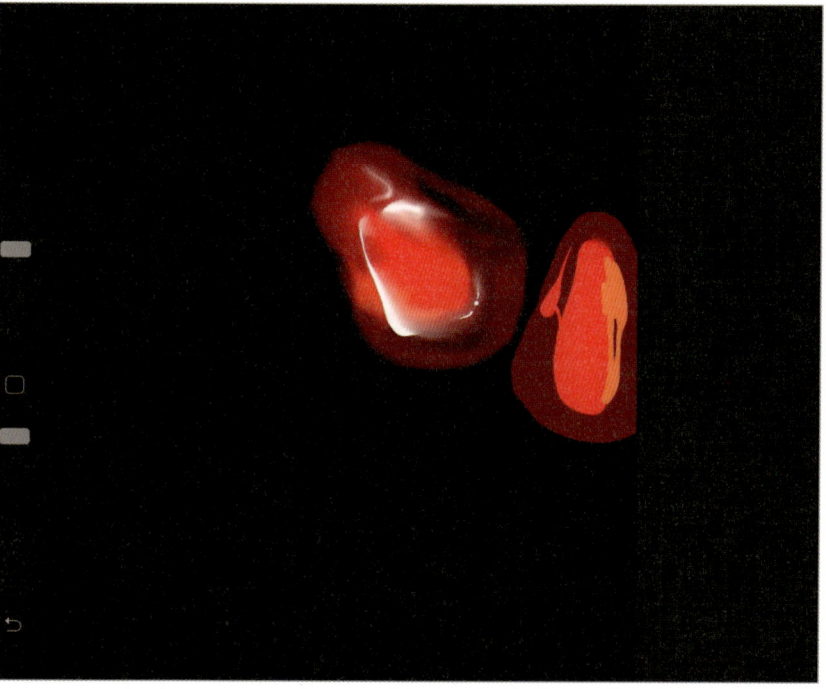

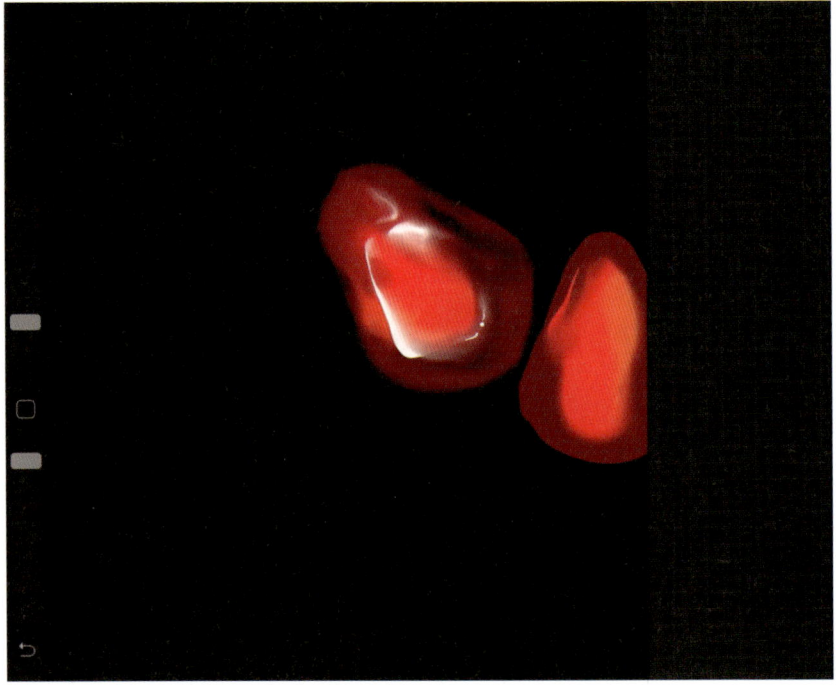

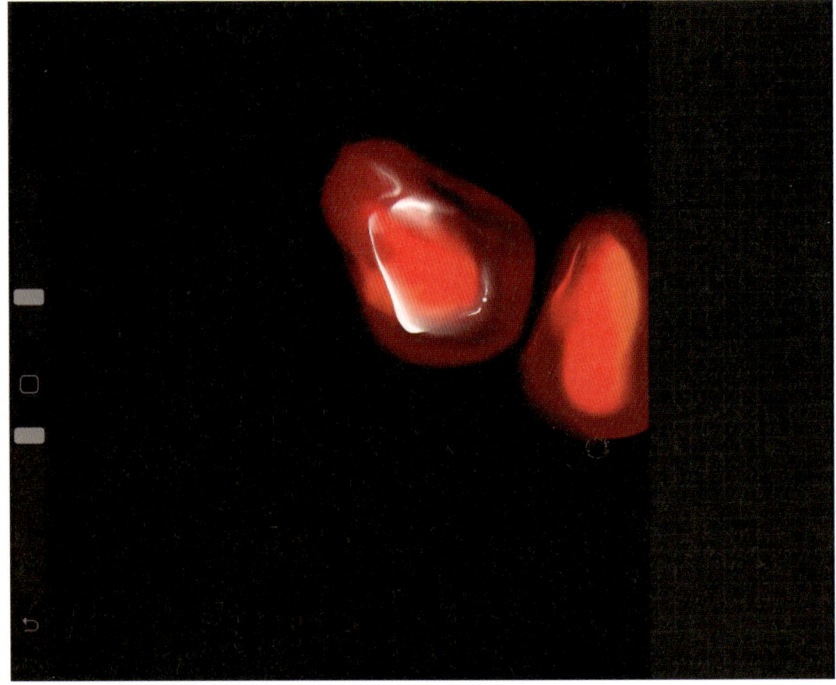

9

실전 3. 음식 _ 석류

10

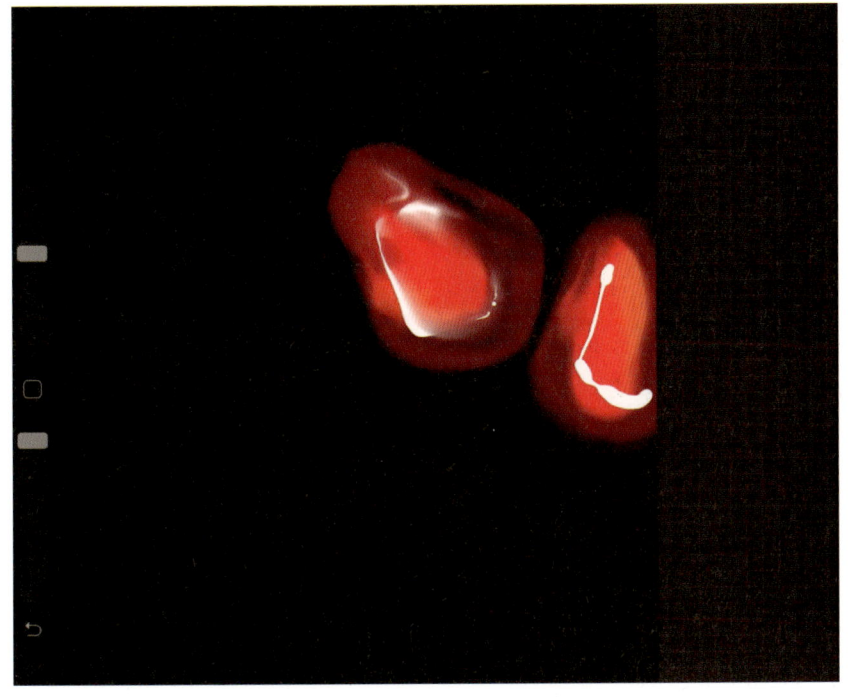

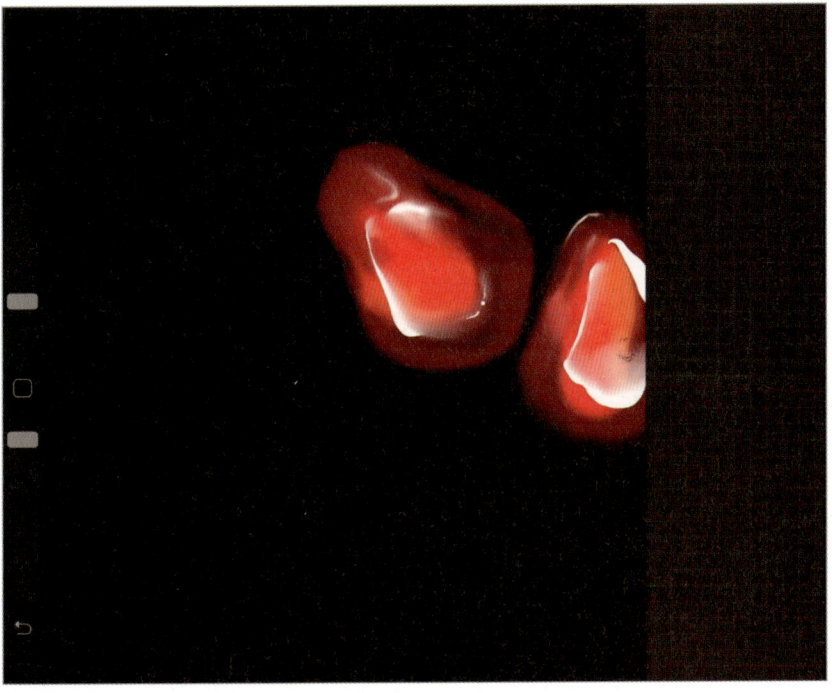

11

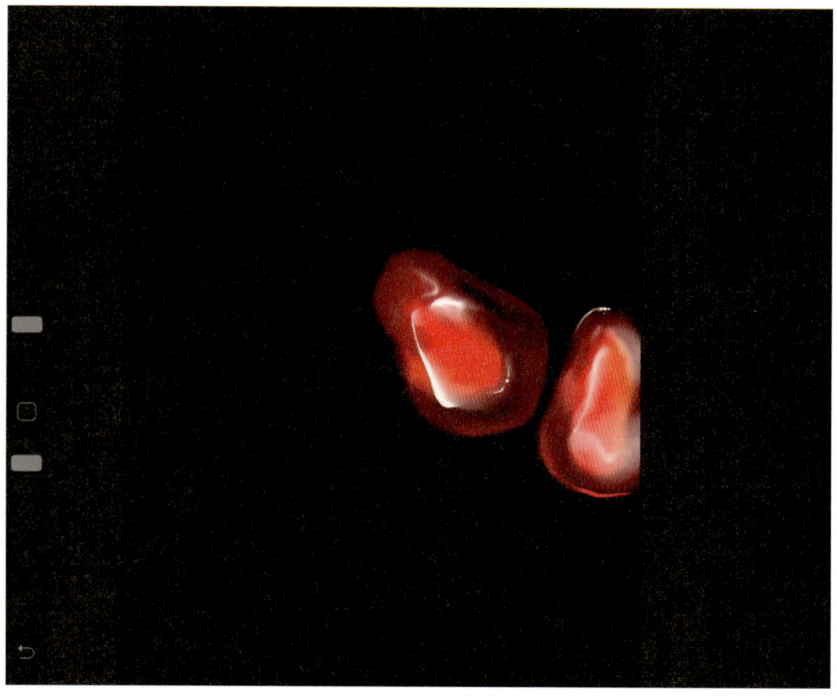

②번 색으로 석류 알의 가장 아랫부분에 조금씩 선을 긋고 잘 섞이도록 [손가락 툴]로 문질러 줍니다.

12

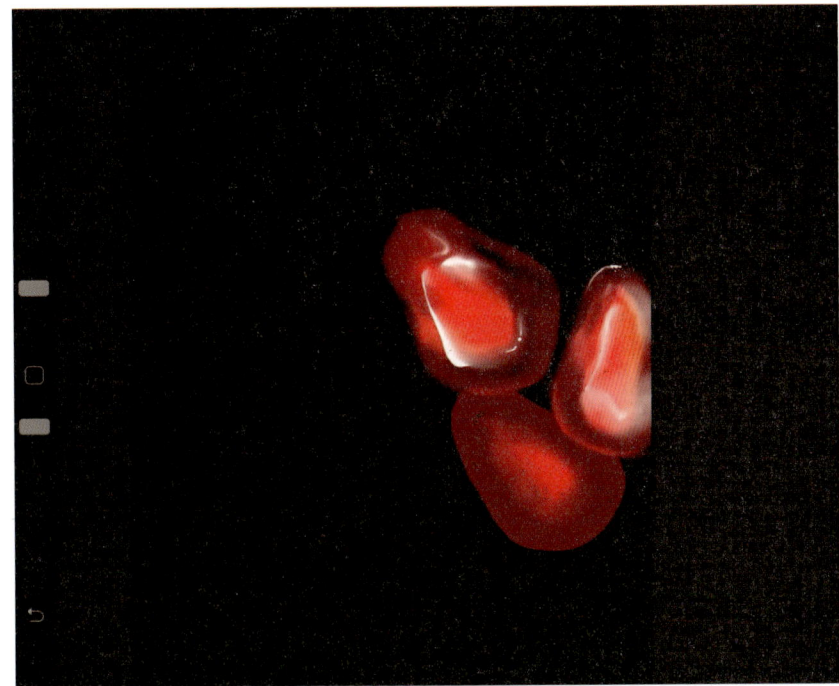

새 레이어를 추가하고 제일 아래로 보냅니다. 그리고 앞의 과정을 반복하여 세 번째 석류 알을 그려주세요.

13

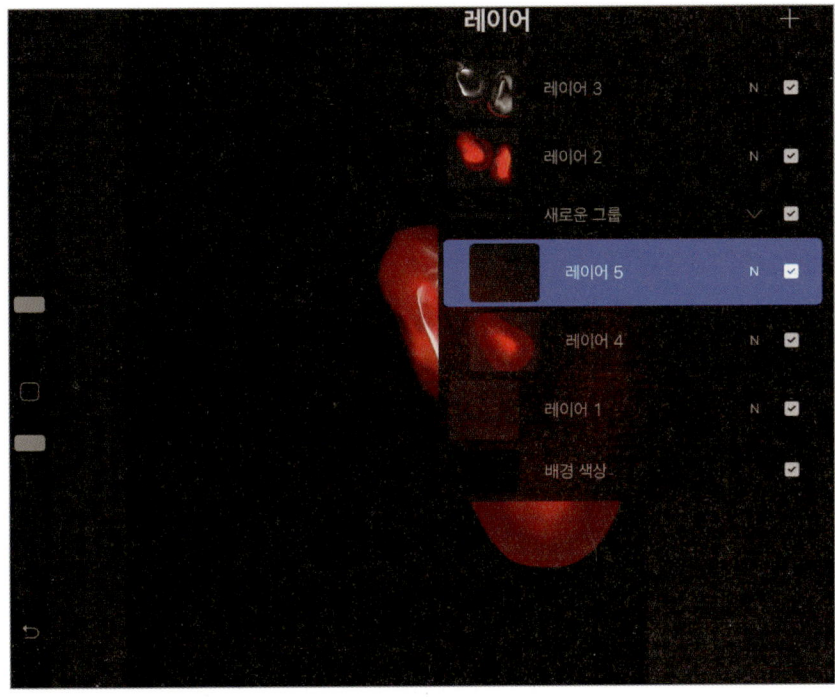

레이어 하나를 끌어서 다른 레이어에 붙이면 그 둘은 하나의 그룹이 됩니다. '위에 놓인 석류 알'을 그리는 레이어와 '그 아래 깔릴 석류 알'을 그리는 레이어를 따로 묶고, 하이라이트를 표현하는 레이어들도 각각 그룹화 합니다.

14

밑에 깔리는 석류 알은 레이어 4에 석류 알을, 레이어5에 석류 알의 하이라이트를 그려줍니다.

15

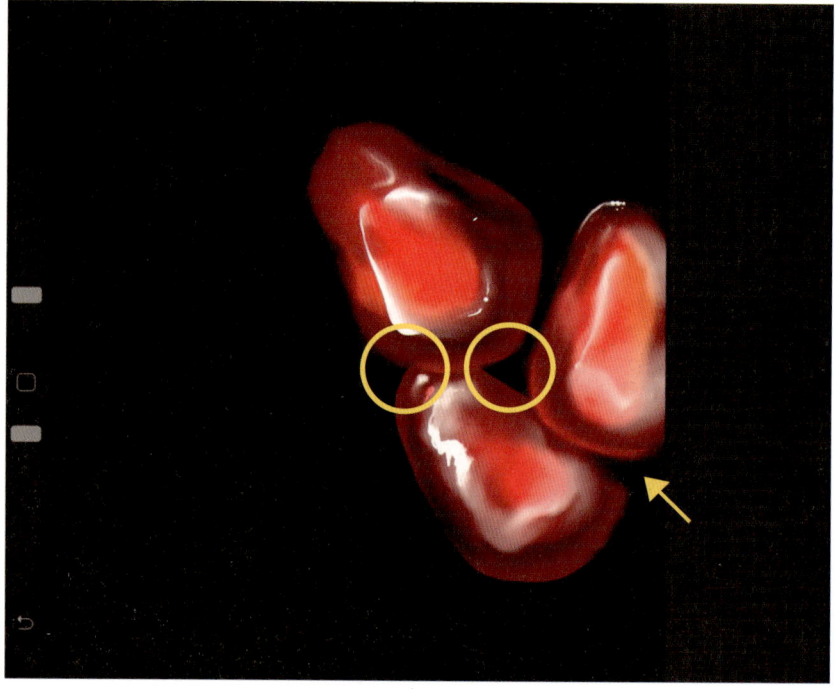

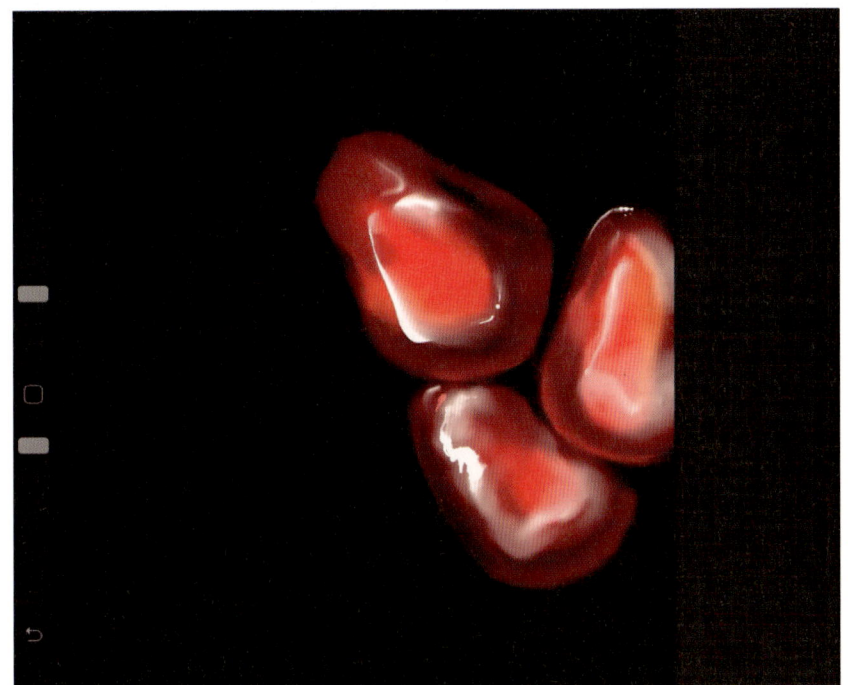

석류 알을 그린 후에 [손가락 툴]로 배경의 검은색을 끌어 석류 알 위로 올립니다. 그러면 자연스럽게 석류 알 위로 그림자가 묘사됩니다.

16

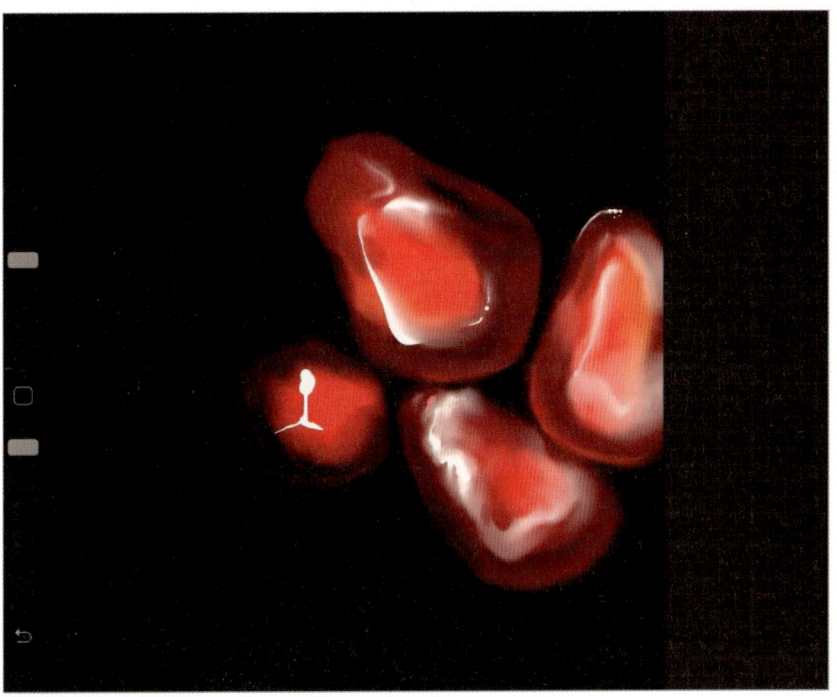

레이어4, 5에 석류 알 하나를 더 그립니다.

17

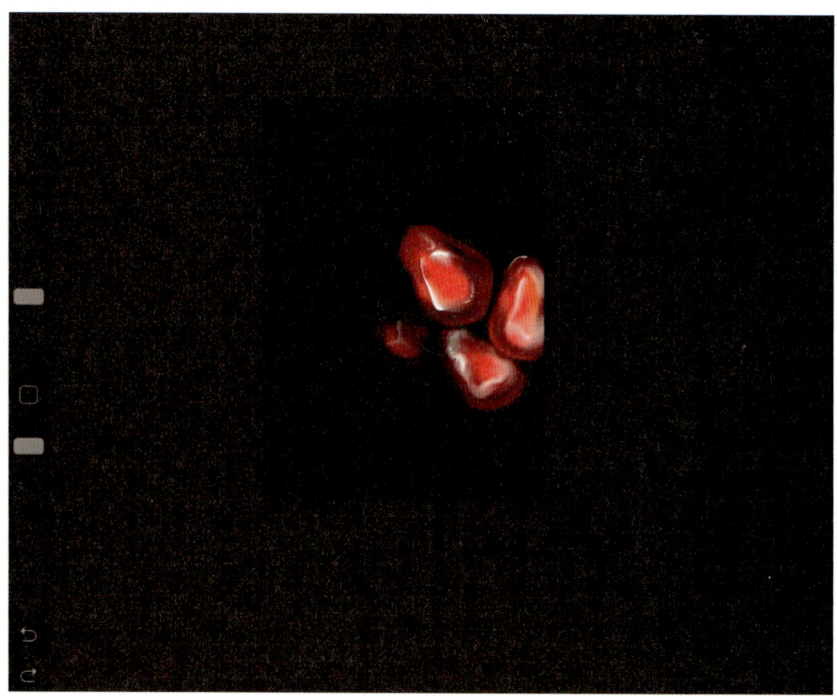

맨 위에 새 레이어를 만들고 [에어브러시]-[소프트 에어브러시] 브러시를 선택합니다. 검은색으로 앞에서 그린 석류 알들을 살짝 칠해 전체적으로 어둡게 만들어줍니다.

18

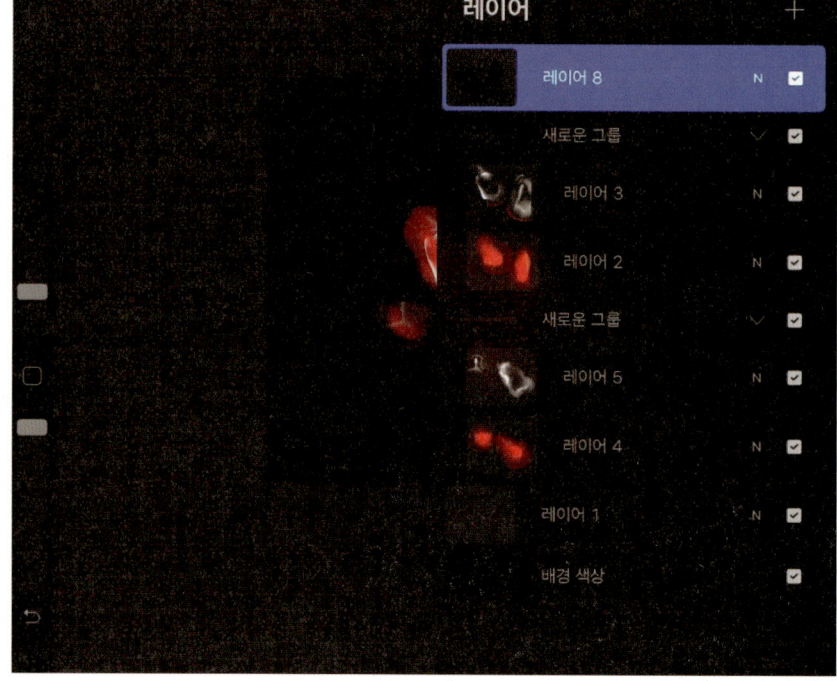

레이어 배치는 이렇습니다.

실전 3. 음식 _ 석류

19

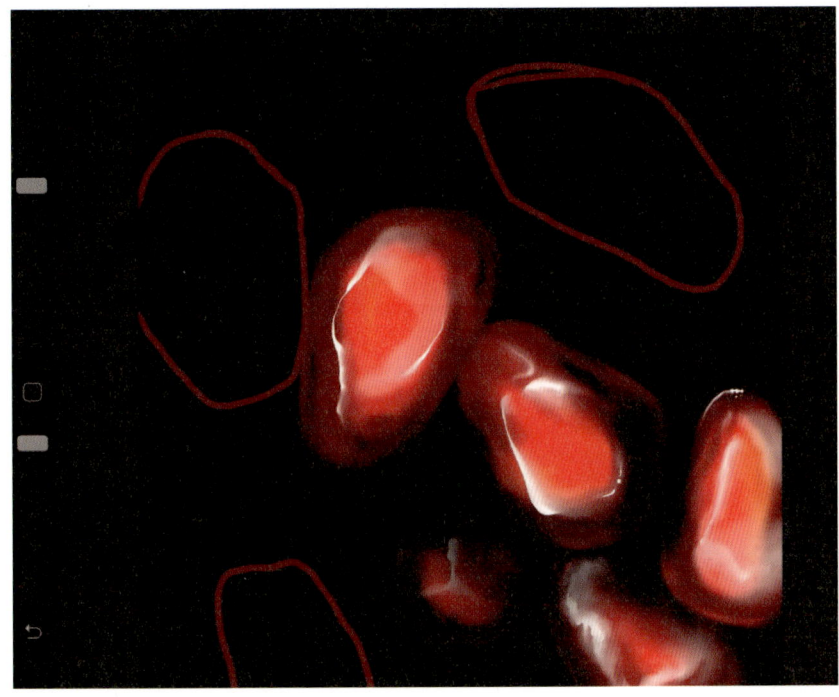

[19-25]
앞의 과정을 반복하여 캔버스에
석류 알들을 채워 넣어줍니다.

20

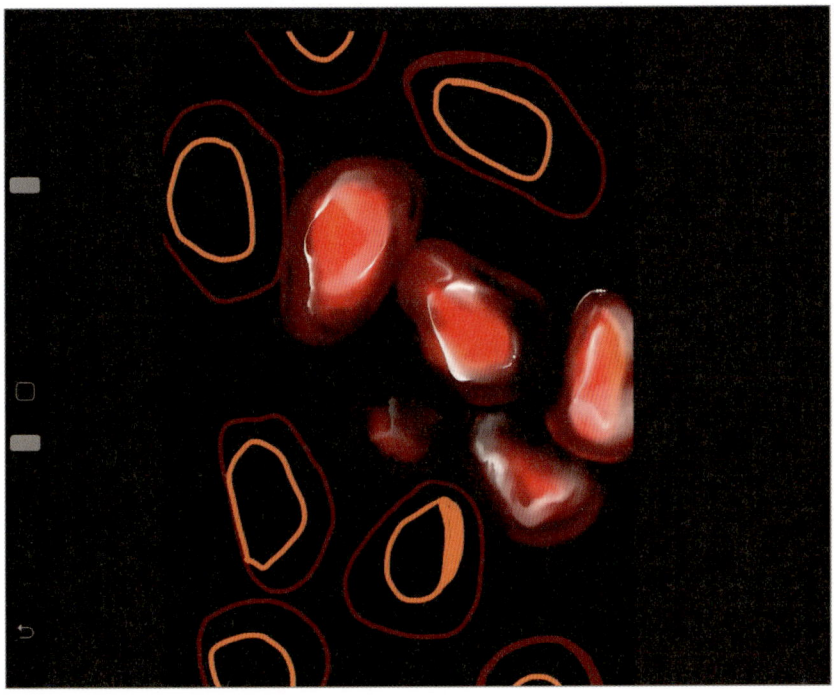

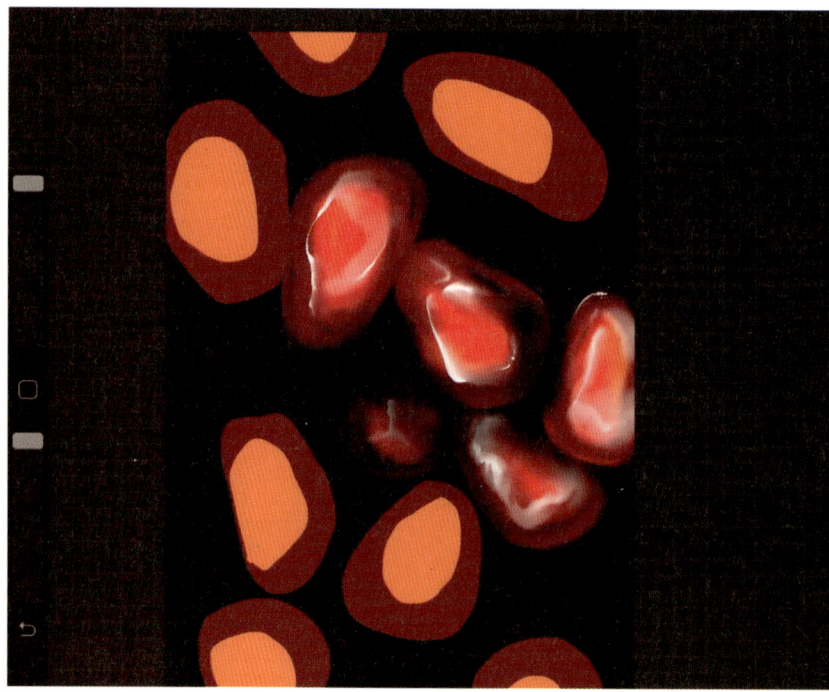

21

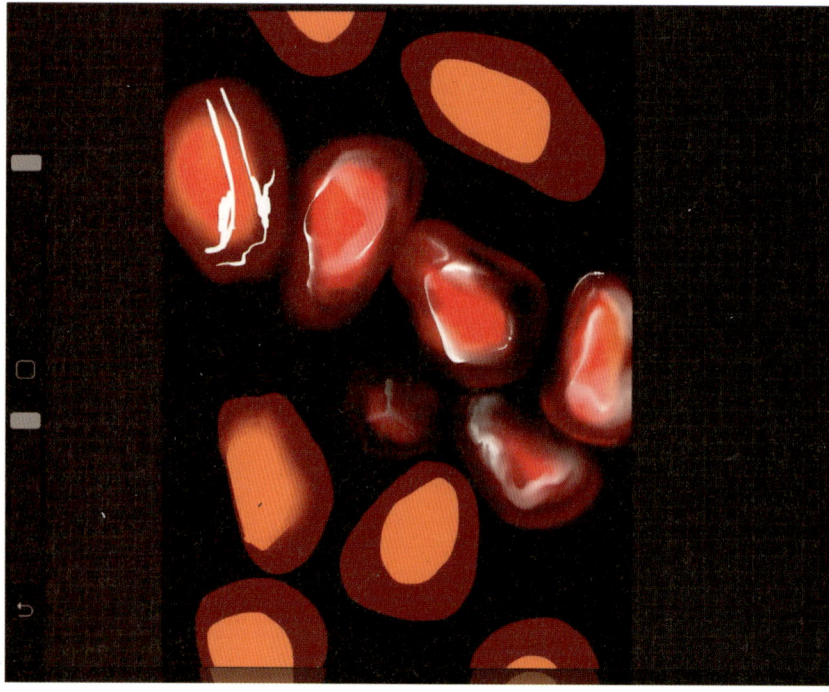

22

실전 3. 음식 _ 석류

23

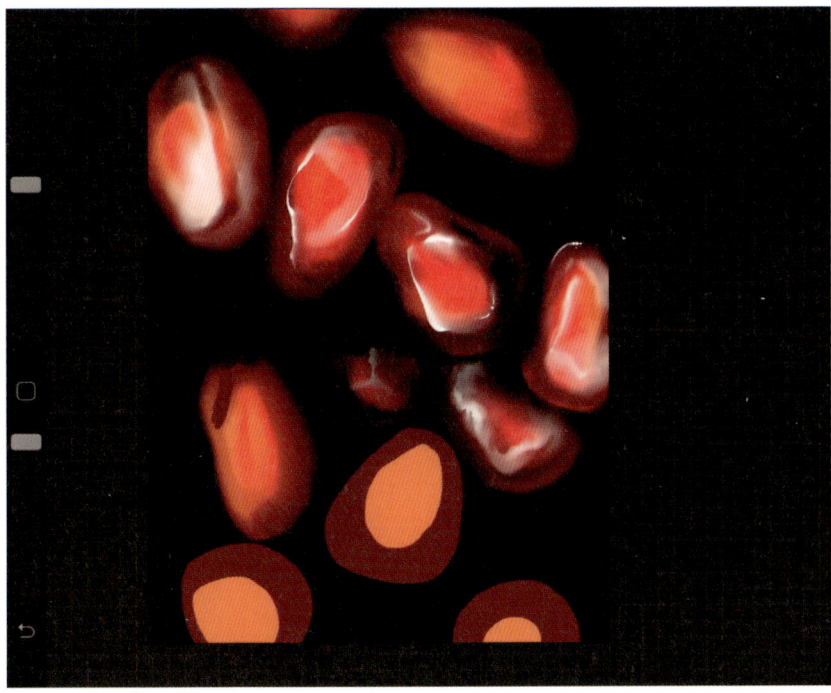

24

145

25

> **tip**
>
> 석류 알들의 전후관계를 생각하여, 레이어2, 3의 석류 알을 먼저 그린 뒤 레이어4, 5의 석류 알을 쭉 그려줍니다. 그 후 가장 위에 있는 레이어에 [에어브러시]-[소프트 에어브러시] 브러시를 사용하여 검은색으로 한 번씩 어둡게 살짝 칠합니다.

● 코끼리

실전 4. 동물 _ 코끼리

코끼리 color

> **tip**
>
> 책 마지막 장의 삽지에서 QR 코드를 스캔하여 브러시와 스케치를 다운로드한 후에 그림을 그려주세요.
> 다운받은 브러시는 브러시 라이브러리의 [가져옴]에서 찾을 수 있습니다.

1

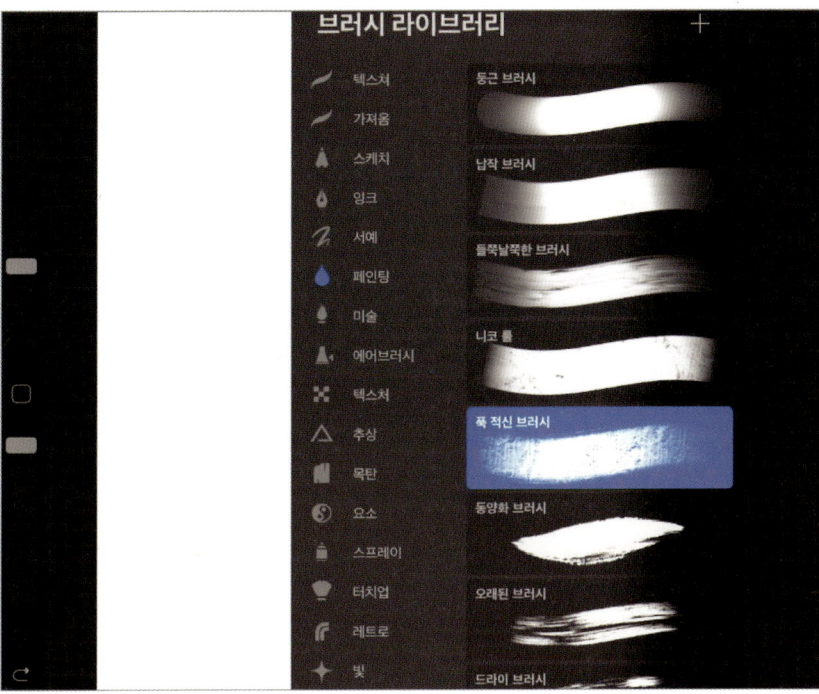

[페인팅]-[푹 적신 브러시] 브러시를 선택합니다.
프로크리에이트 5.0.1 버전의 사용자는 위의 tip을 따라 브러시를 다운로드해주세요.
([가져옴]-[푹 적신 브러시])

149

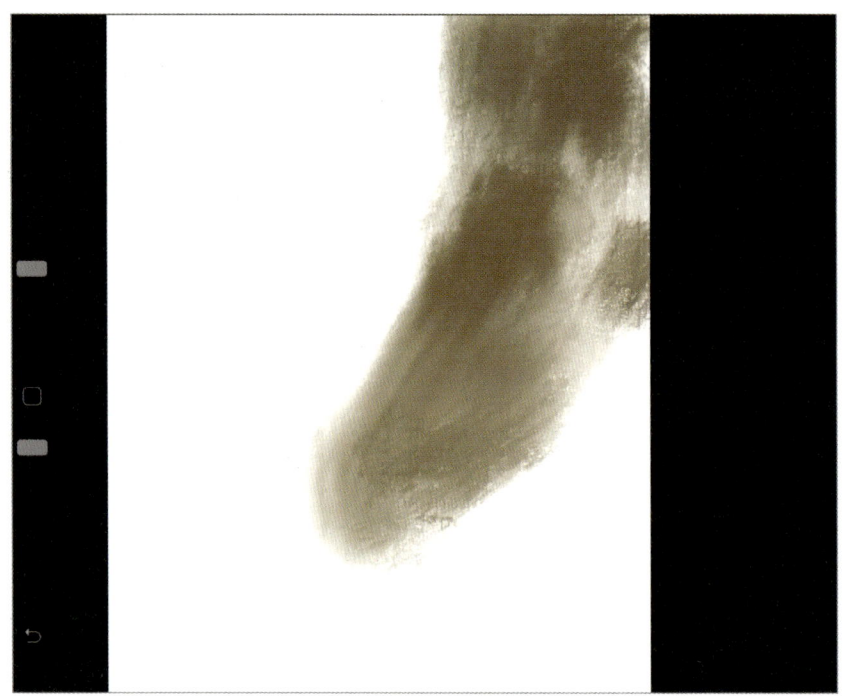

2

①번 색으로 귀가 될 부분을 넓게 칠합니다.

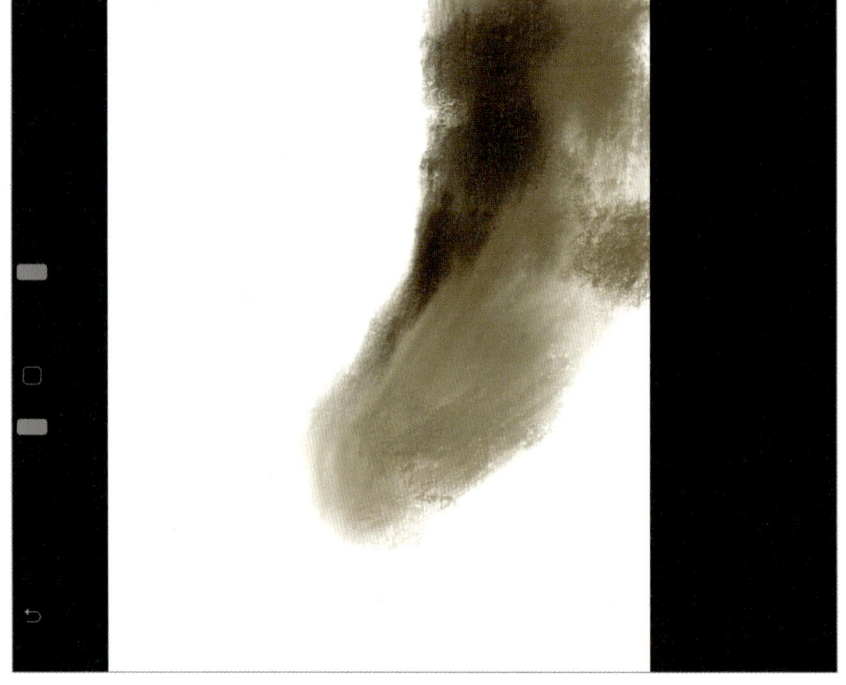

3

귀의 왼쪽을 ②번 색으로 덧칠해주세요.

4

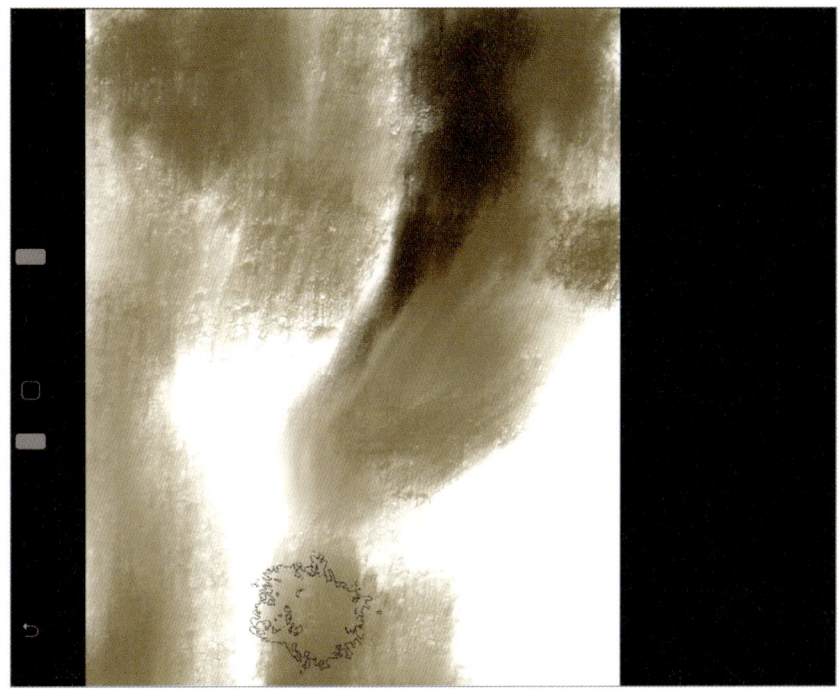

왼쪽은 얼굴이 될 부분입니다.
①번 색을 위아래로 넓게 칠합
니다.

5

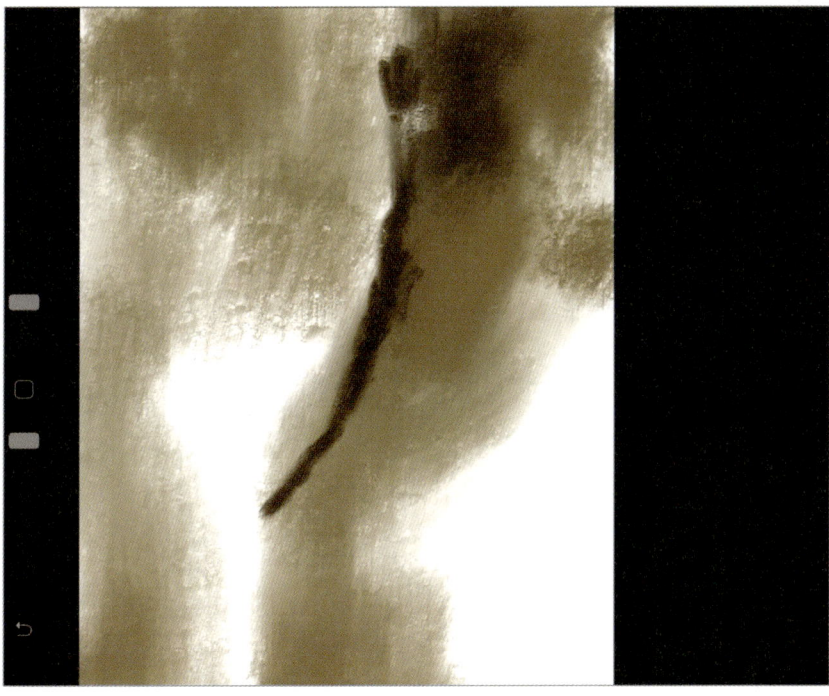

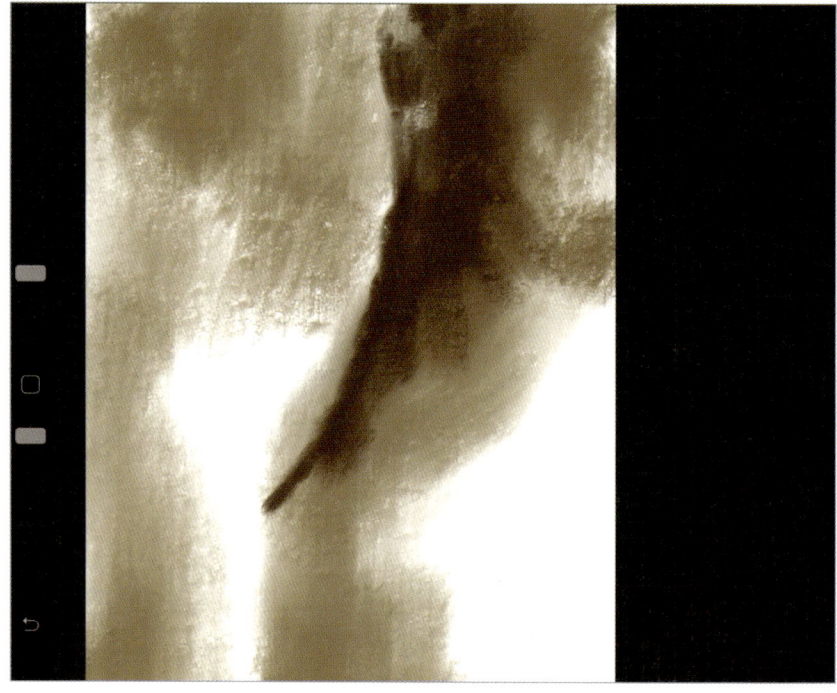

②번 색으로 다시 한번 얼굴 바깥쪽을 칠하여 확실하게 음영을 만들어줍니다.

6

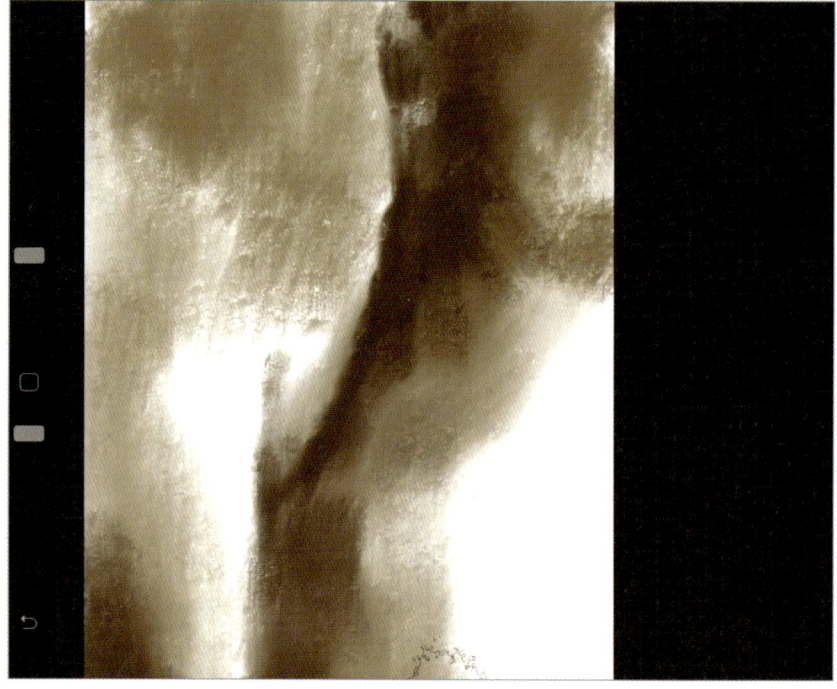

실전 4. 동물 _ 코끼리

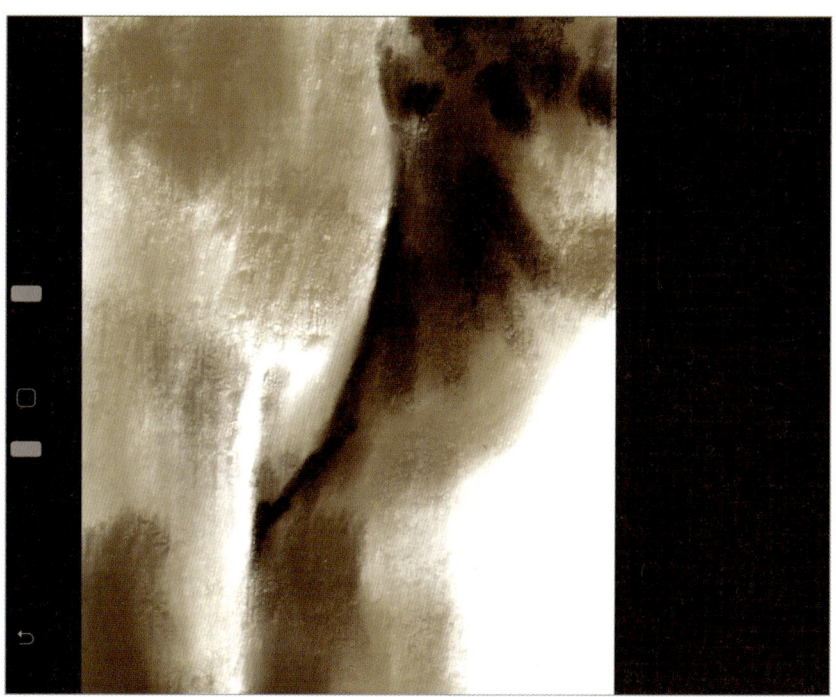

코와 다리의 음영도 잡아줍니다. ③번 색으로 귀의 음영을 좀 더 칠해주세요.

7

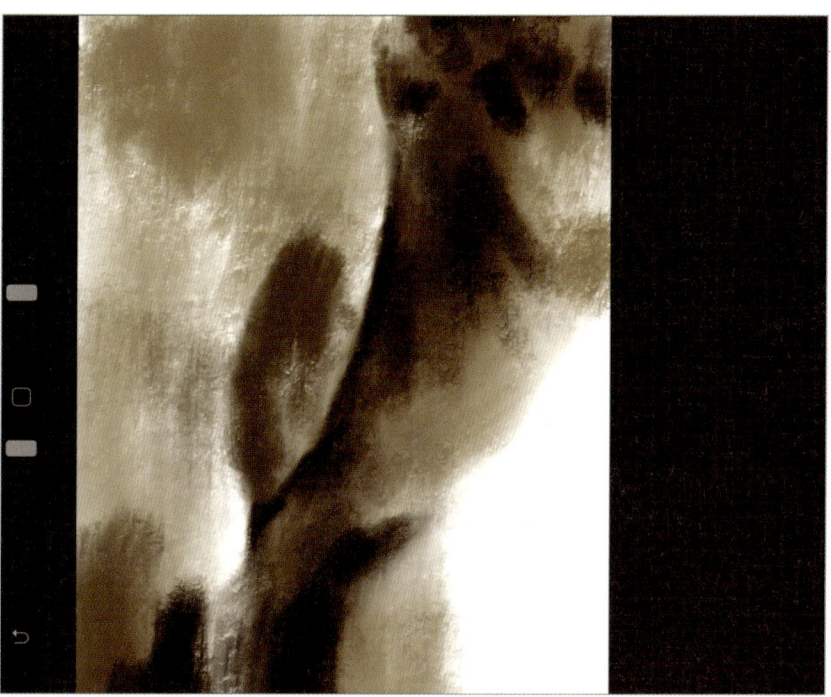

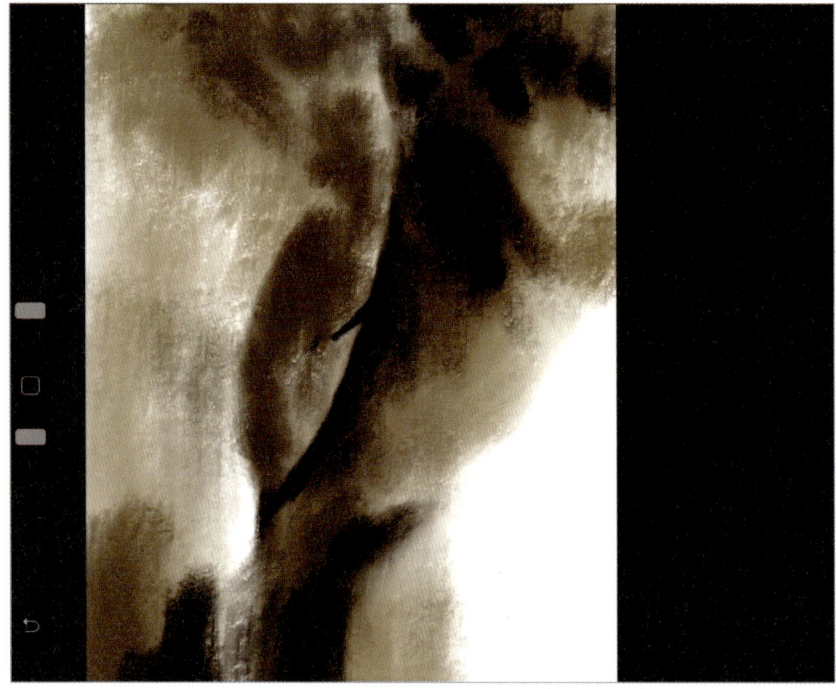

②번 색으로 눈의 위치를 잡고, ③번 색으로 코 아래와 귀 아래를 어둡게 잡아줍니다. ④번 색으로 눈 옆쪽의 가느다란 주름을 사선으로 그려줍니다.

8

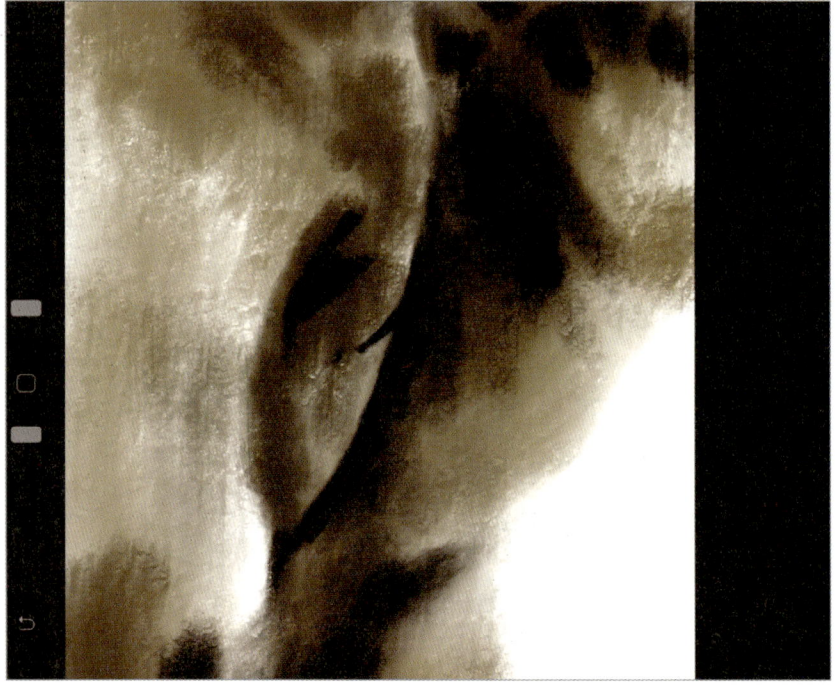

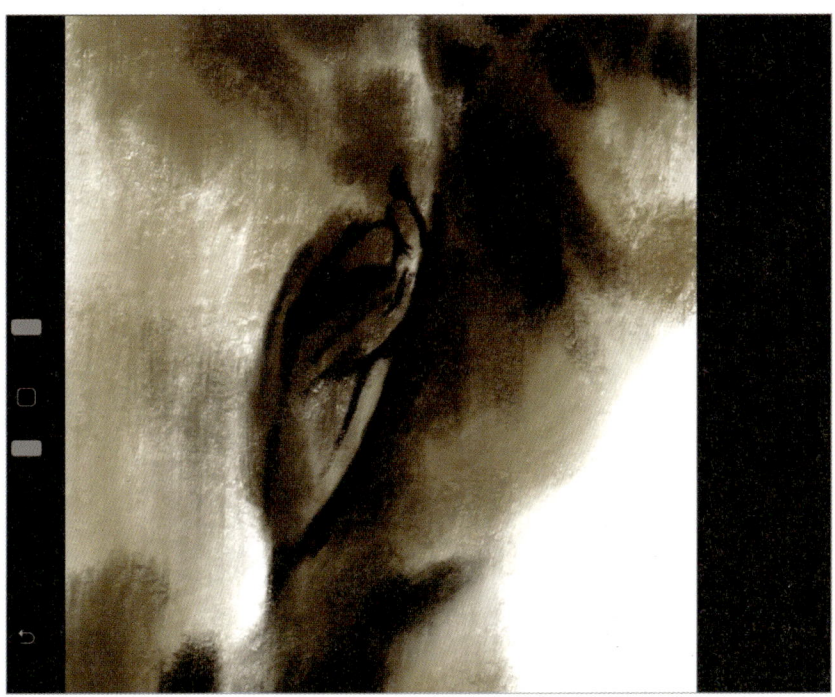

④번 색으로 눈을 그리고 눈 주변의 주름도 그립니다.

9

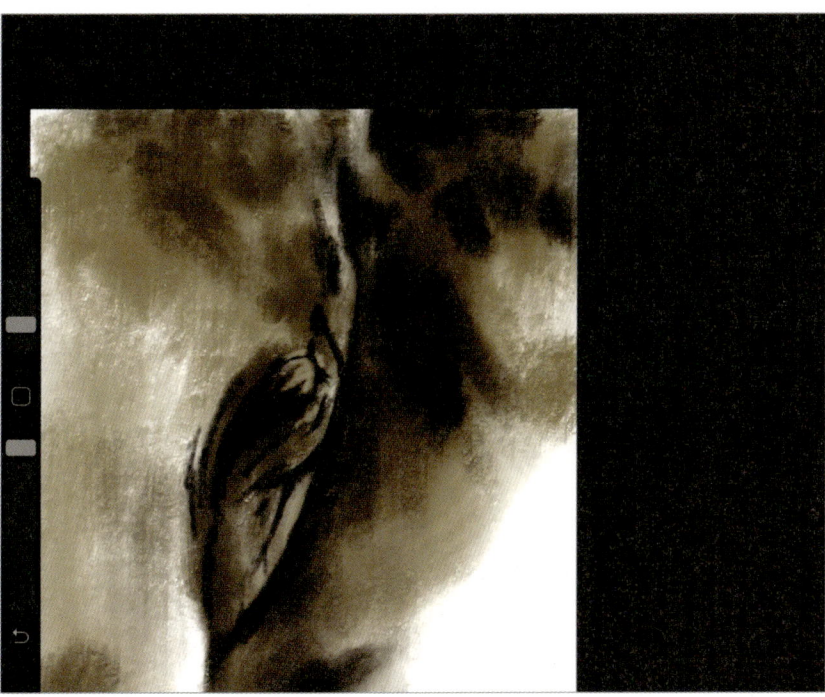

①번 색으로 눈꺼풀과 이마, 머리 부분을 좀 더 묘사합니다. 세세한 주름도 더 그려주세요.

10

②번 색을 사용하여 전체적으로 코끼리의 색을 더 입혀준 다음, 코 앞쪽(왼쪽 하단)에 ③번 색으로 음영을 표현해주세요. 상아를 그릴 위치를 남겨두고 그 옆을 어둡게 칠합니다.

실전 4. 동물 _ 코끼리

11

⑤번 색으로 상아의 오른쪽 부분을 밝게 그려줍니다.

12

①번 색으로 코 위에 색을 더 얹어준 다음, ②번 색으로 좀 더 어둡게 칠해주세요. 이때 가로로 아치형을 그리며 올려주면 좋습니다.

13

③번 색으로 상아 위쪽의 피부 주름을 묘사합니다.

14

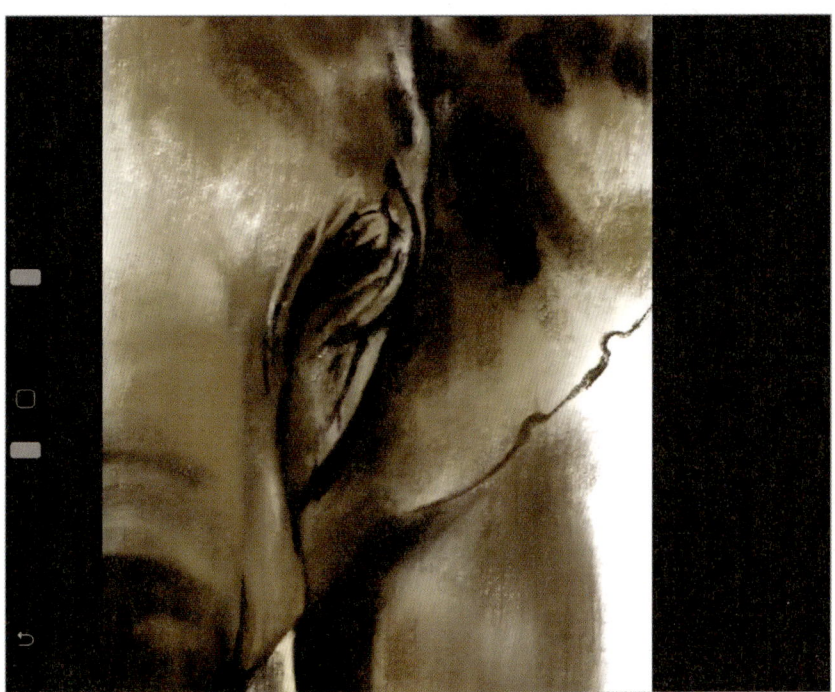

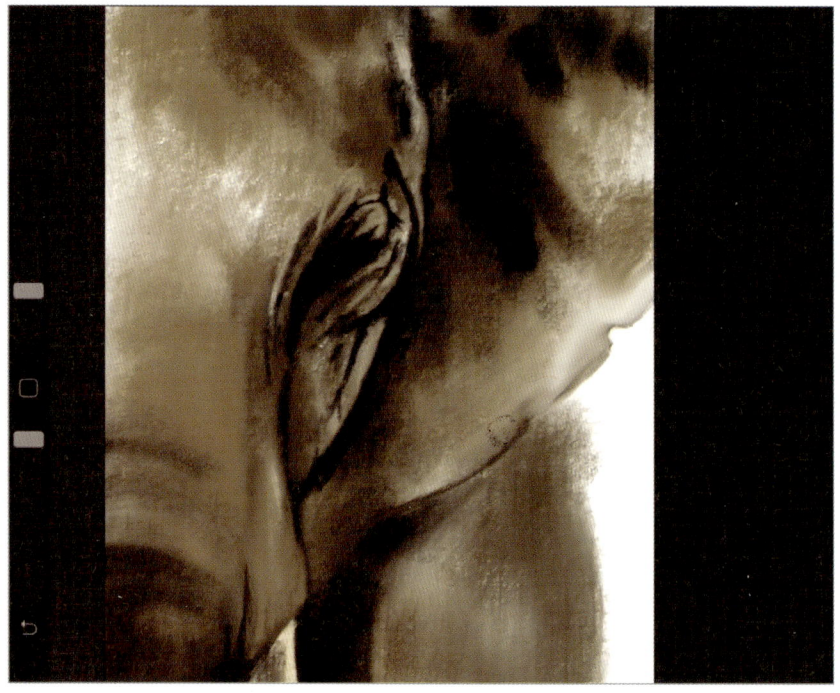

[서예]-[분필] 브러시를 선택하고 ②번 색으로 귀의 테두리를 그려 정리해줍니다. [손가락 툴]로 안쪽으로 문질러서 선을 면으로 만듭니다.

15

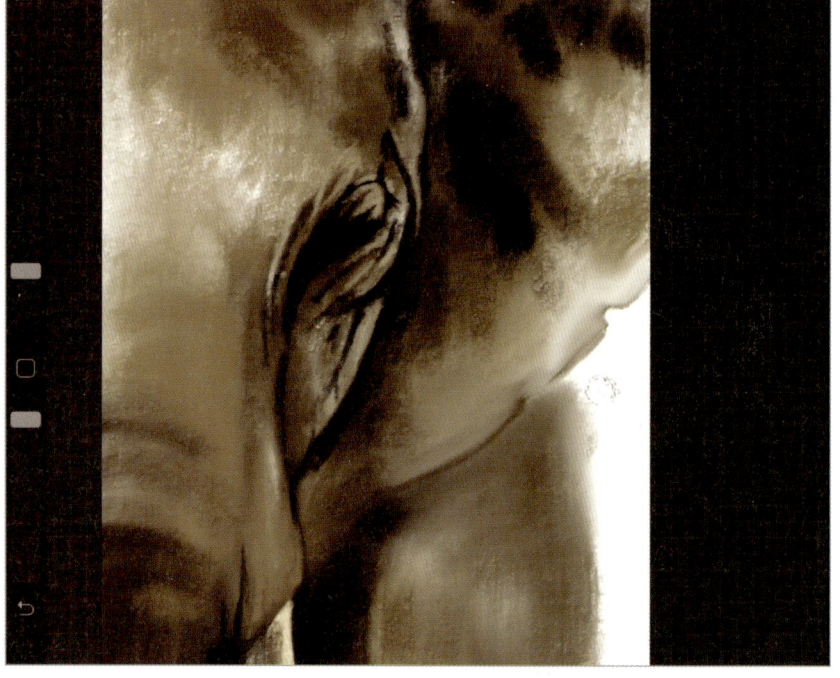

귀의 아래쪽도 [손가락 툴]로 살짝 문질러 정리합니다.

16

다시 [페인팅]-[푹 적신 브러시] 브러시를 선택하고 ②번 색으로 귀의 오른쪽 부분을 톡톡 치듯이 색을 올려줍니다.

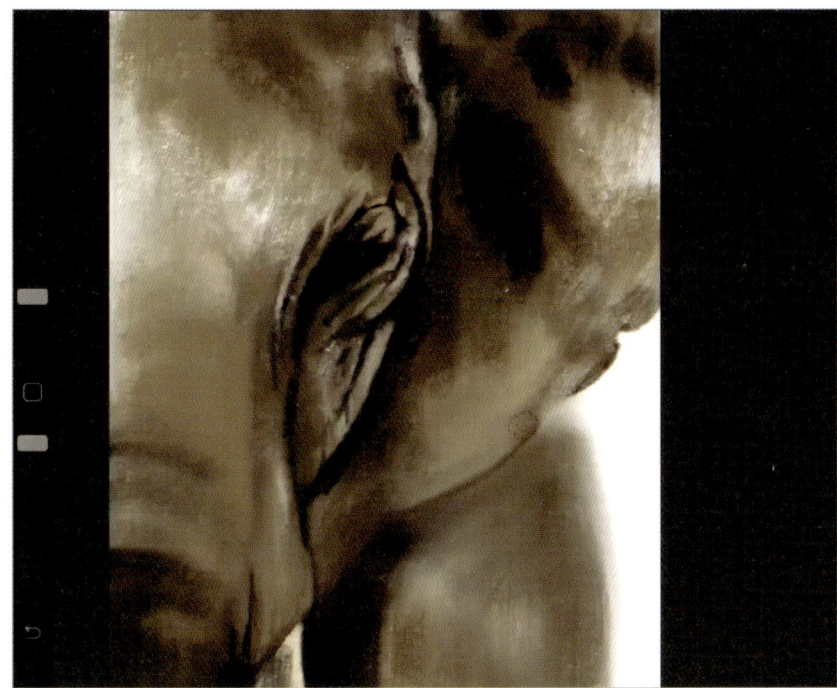

17

④번 색으로 코의 가로 주름을 묘사합니다. 코가 원기둥 형태이므로 가로 주름은 일자가 아니라 아치형입니다. 가장 아래의 주름은 아래가 둥글다가, 조금 위에는 일자, 그 위로 갈수록 점점 산 모양처럼 아치가 휘어집니다.

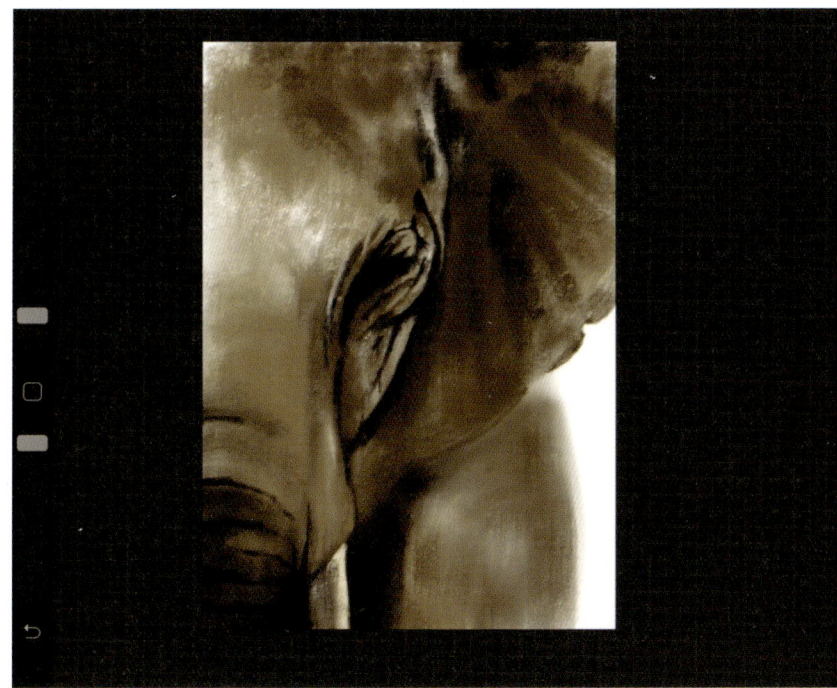

18

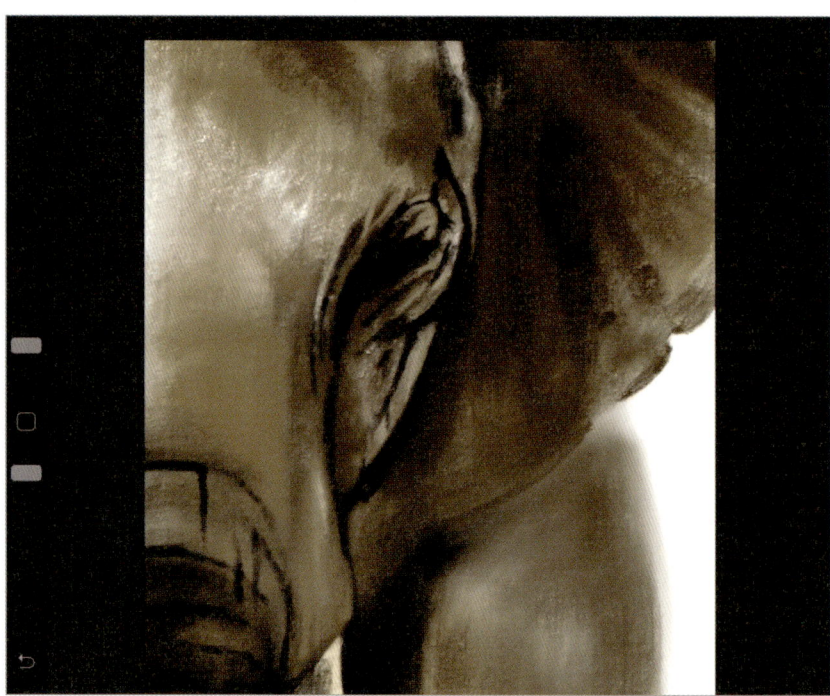

가로 주름의 사이사이에 세로 주름도 그려줍니다.

19

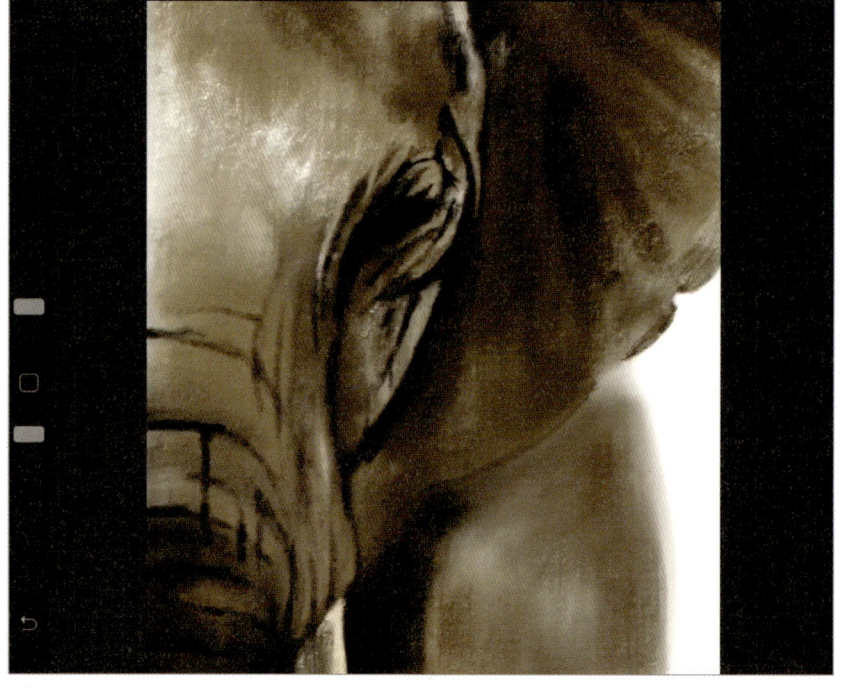

③번 색을 사용하여 위쪽에도 주름을 그립니다.

20

①번 색으로 17-19번 과정에서 그린 주름을 따라 그 옆에 주름을 한 번 더 그려줍니다. 이때 가로 주름은 아래쪽에, 세로 주름은 왼쪽에 그려주는 것이 좋습니다.

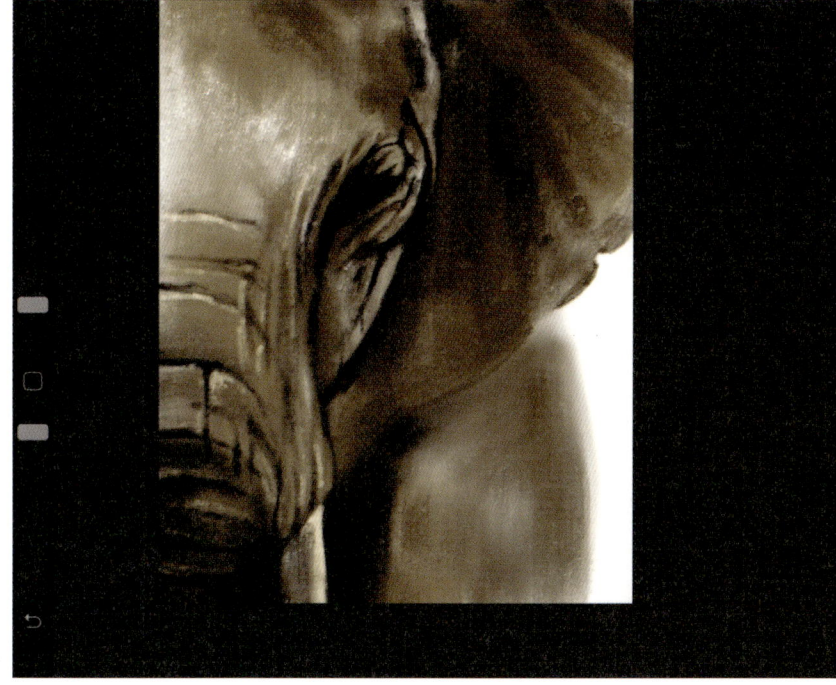

21

⑤번 색을 선택하고 브러시 크기를 키워주세요. 귀 부분을 톡톡 치듯 색을 올려 거친 피부를 묘사해줍니다.

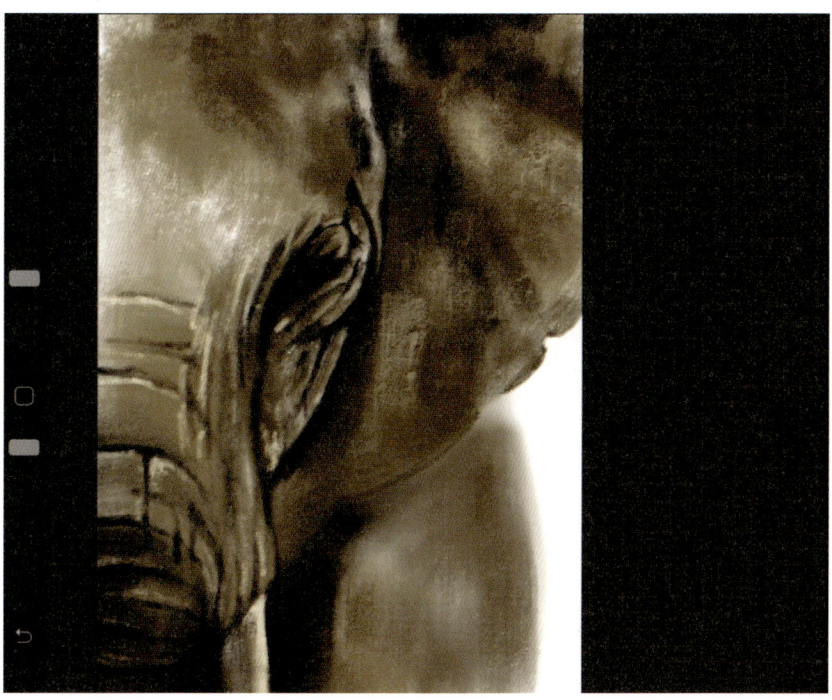

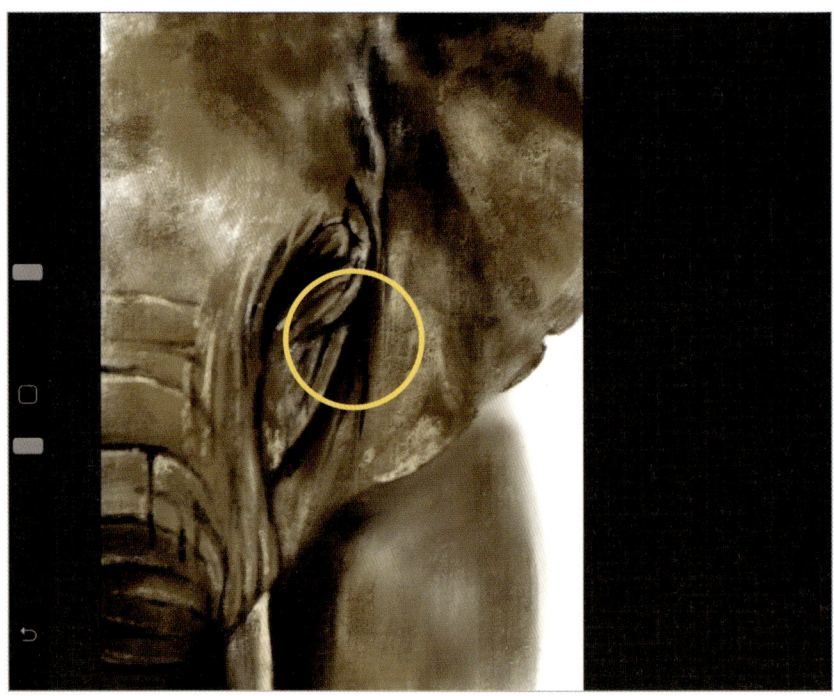

22

④번 색으로 눈 아래쪽의 귀에도 주름을 묘사해주세요.
②번 색을 선택하고 브러시 크기를 키워 코와 이마가 이어지는 부분을 톡톡 치며 피부를 묘사합니다.

23

새 레이어를 추가하여 [요소]-[구름] 브러시를 선택하고, ⑥번 색으로 오른쪽 아래에 뭉게뭉게 일어난 흙먼지를 표현해주세요. 톡톡 치듯이 그려주면 됩니다. 이 레이어는 코끼리 레이어(레이어1) 아래로 내려주세요.

24

새 레이어를 만들고 가장 위에 위치시킵니다. ⑦번 색으로 먼지구름을 좀 더 표현해줍니다. 상아 위쪽으로 콧김도 그립니다.

25

코끼리 레이어로 돌아가서, ④번 색으로 [페인팅]-[푹 적신 브러시] 브러시를 사용하여 코끼리의 다리에 가로 주름을 살짝 넣어줍니다.

26

실전 4. 동물 _ 코끼리

③번 색으로 이마 부분을 좀 더 묘사하고, ④번 색으로 왼쪽 하단을 좀 더 어둡게 칠합니다.

27

①번 색으로 눈주름의 오른쪽을 칠해 눈꺼풀에 하이라이트를 넣어줍니다.

167

28

같은 색을 상아의 위쪽과 눈머리 쪽에도 밝게 올려줍니다.

29

실전 4. 동물 _ 코끼리

같은 색으로 머리의 튀어나온 부분을 그려 묘사해주고, 왼쪽 상단 모서리 부분에도 색을 올려주세요.

30

가장 위에 있는 레이어를 선택하고, [요소]-[구름] 브러시로 오른쪽 아래에 먼지구름을 조금 더 그려줍니다. 그리고 다시 코끼리 레이어로 돌아와 흰색으로 상아의 오른쪽을 밝게 칠하며 마무리합니다.

● 강아지

실전 4. 동물 _ 강아지

강아지 color

> **tip**
> 책 마지막 장의 삽지에서 QR코드를 스캔하여 스케치를 다운로드
> 한 후에 그림을 그려주세요.

1

[스케치]-[소프트 파스텔] 브러시를 사용하여 주둥이 아래쪽을 ②번 색으로 넓게 칠합니다. 빛이 왼쪽에서 들어오고 있으므로, 왼쪽 귀 옆의 그림자와 오른쪽 눈 부분도 칠해줍니다.

2

새 레이어를 만들고 스케치 레이어 아래에 위치시킵니다.
③번 색으로 코를 칠해주세요. 왼쪽 콧구멍이 시작되는 부분은 빛을 받아 살짝 밝습니다.

3

[손가락 툴]을 사용하여 코에 하얗게 남겼던 부분을 문질러주고 부채꼴 방향으로 코의 검은색을 퍼트려줍니다. 이때 털처럼 표현하려면 약간 길게 풀어주면서, 끝에서는 살짝 펜을 들어주세요. 그러면 색이 풀어지는 끝부분이 날렵해져서 가느다란 털이 확실히 묘사됩니다.

4

인중 부분과 입술을 ③번 색으로 칠합니다.

5

같은 색으로 인중 옆을 톡톡 쳐서 털을 그려줍니다.

6

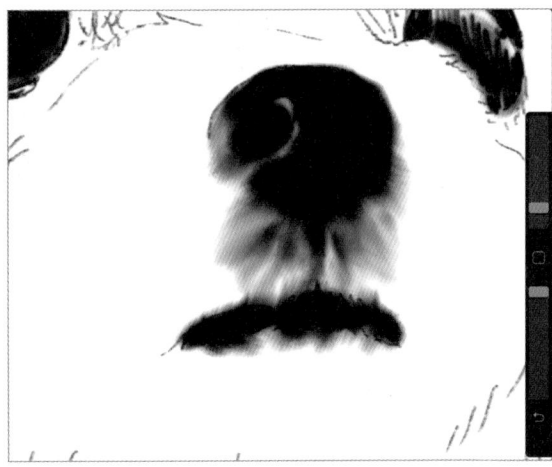

톡톡 묻힌 ③번 색이 털처럼 보이도록 [손가락 툴]로 살짝 길게 문지릅니다. 입술 부분도 털에 덮힌 것처럼 보이도록 위아래로 경계 부분을 길게 문질러주세요.

7

맨 처음 작업했던 레이어2로 돌아갑니다. 레이어2에는 전체적인 양감을 표현하기 위해 명암을 넣어줄 거예요.
①번 색으로 턱 부분을 조금 칠하고 [손가락 툴]을 사용하여 아래로 길게 길게 풀어줍니다. 흰 강아지는 검은색의 진한 음영은 나타나지 않습니다. 회색도 너무 많으면 좋지 않으니 색을 더 얹지 말고 [손가락 툴]로 문질러서 퍼트려주는 것이 좋습니다.
문지를 때는 털의 방향을 유의하세요. 털의 발향을 잘 나타내야 강아지의 두상이 구 형태로 동글동글 살아납니다.

8

①번 색으로 귀의 그림자를 칠한 뒤, 털의 방향을 따라 [손가락 툴]로 문질러 털을 묘사합니다.

9

주둥이가 튀어나와 있기 때문에 얼굴의 오른쪽 부분에도 그림자가 집니다. 8번 과정과 같은 방식으로 묘사해주세요.

10

양쪽 눈머리 쪽에도 세로 방향으로 같은 색을 칠하고 [손가락 툴]로 위로 살짝 길게 문지릅니다.

11

전체적인 털 묘사가 잘 보이도록 ⑦번 색으로 배경 색상을 지정해주세요. 그러면 아직 그리지 않은 부분들이 잘 드러납니다.(사진에는 흰색으로 그림자가 크게 그려져 있습니다. 뒤에서 다룰 부분이므로 여기서는 따라 그리지 않으셔도 됩니다.)

12

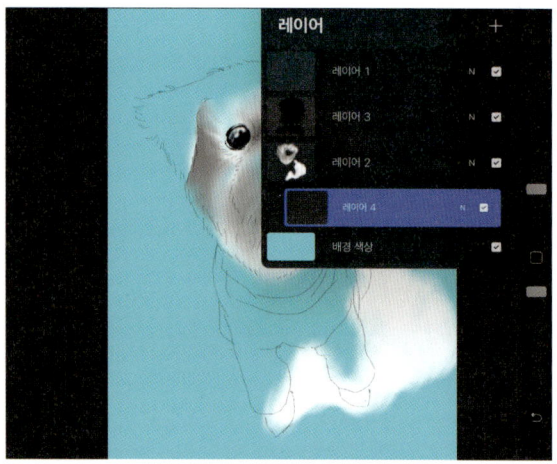 

새 레이어를 추가해 가장 아래에 놓고, ④번 색으로 스케치를 따라 테두리를 깔끔하게 그립니다. 이때 외곽의 털 한 가닥까지 세세하게 그리지 않아도 됩니다. 다만, 힘을 세게 주고 그려주세요. 그런 후, 오른쪽 상단의 컬러를 쭉 끌어다 머리에 놓아 색을 채워주세요.

13

앞발과 뒷발도 ④번 색으로 칠해줍니다.

14

새 레이어를 추가하여(레이어5) 맨 아래에 놓습니다. ⑤번 색으로 옷을 칠해주세요. 목이 들어가는 부분은 ③번 색으로 칠하고 옷 색과 살짝 그러데이션 해줍니다.

15

레이어4를 선택하고 ④번 색으로 얼굴 외곽의 털을 묘사합니다. 털의 방향에 유의하며 톡톡 길게 쳐서 밖으로 빼줍니다. 얼굴 전체를 둘러 묘사해주세요.

16

코를 그렸던 레이어2를 선택하고 브러시 크기를 가장 작게 줄여, ④번 색으로 오른쪽의 콧구멍이 살짝 보이도록 표시하고 [손가락 툴]로 문질러줍니다.

17

새 레이어를 추가하여(레이어6) 레이어2 위에 놓습니다. [스케치]-[HB 연필] 브러시를 선택하고 ④번 색으로 인중의 털을 하나하나 그려줍니다. 털의 방향에 유의하세요.

18

입술 위아래로도 털이 보이도록 묘사해줍니다.

19

방금 그린 털에 이질감이 들지 않도록, 털의 방향을 따라 [손가락 툴]로 한 번씩 문지릅니다.

20

그림을 전체적으로 살펴보면서 정수리 부분의 털을 15번 과정처럼 묘사해줍니다.

21

레이어2를 선택하고, [스케치]-[소프트 파스텔] 브러시를 사용하여 ①번 색으로 턱의 음영을 그린 후 [손가락 툴]로 문질러줍니다.

22

레이어4를 선택하고, 스케치 라인을 과하게 벗어난 털들을 정리합니다. 이때 [지우개]를 [스케치]-[소프트 파스텔]로 설정하고 밖에서 안쪽으로 털을 표현한다고 생각하며 지우면 더 자연스러워집니다.

23

레이어6을 선택하고, [스케치]-[HB 연필] 브러시를 사용하여 털의 방향에 주의하며 주둥이 윗부분의 털을 묘사합니다. 특히 이 부분은 털이 짧으니 짧게 짧게, 그러면서 털의 모양도 살려서 그립니다. 아래로 내려오는 털들은 [손가락 툴]로 살짝 문질러 자연스럽게 해줍니다.

24

레이어2를 선택하고 [스케치]-[소프트 파스텔] 브러시를 사용하여 스케치를 따라 ③번 색으로 눈을 그립니다.

25

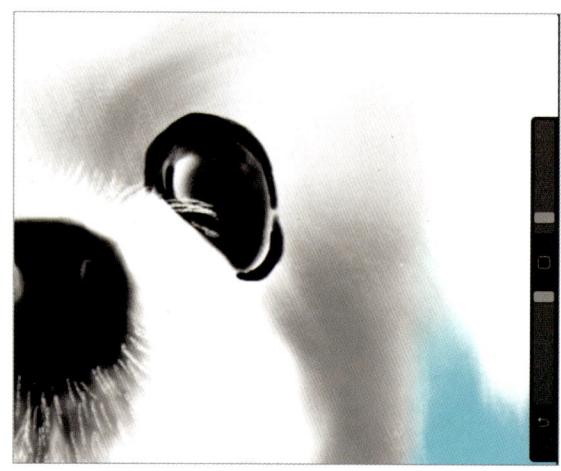 

스케치 레이어를 끄고 눈을 마저 그립니다. 가운데 전체를 ③번 색으로 칠하고 양옆은 하얗게 남겼습니다. 테두리는 선이 너무 깔끔하면 이질감이 느껴지므로, 필압을 약하게 하여 테두리를 따라 뿌연 선을 살짝 그려줍니다.

26

눈동자에 ④번 색을 살짝 올리고 [손가락 툴]로 문질러 눈동자에 비친 빛을 묘사합니다.

27

레이어6을 선택하고, [스케치]-[HB 연필] 브러시를 사용하여 ④번 색으로 주둥이 윗부분의 털을 묘사합니다. 방금 그린 눈이 살짝 가려집니다. 이렇게 배경이 어두울 때 전경을 밝게 묘사하면 효과가 배가 됩니다. 이런 부분은 세밀하게 묘사해주는 것이 좋습니다.

28

같은 방법으로 주둥이 전체에 털을 묘사해주고, 코의 밝은 부분에도 ④번 색을 올려줍니다.

29

스케치 레이어를 켠 후, 레이어2를 선택합니다. 왼쪽 눈도 그려주세요. 스케치를 따라 ③번 색으로 테두리를 그리고, 다시 스케치 레이어를 끈 다음 눈동자를 채워줍니다.

30

왼쪽 눈도 마찬가지로 테두리를 따라 뿌연 선을 그려줘야 합니다. 선이 너무 깔끔하면 얼굴과 동떨어져 보일 수 있기 때문입니다.

31

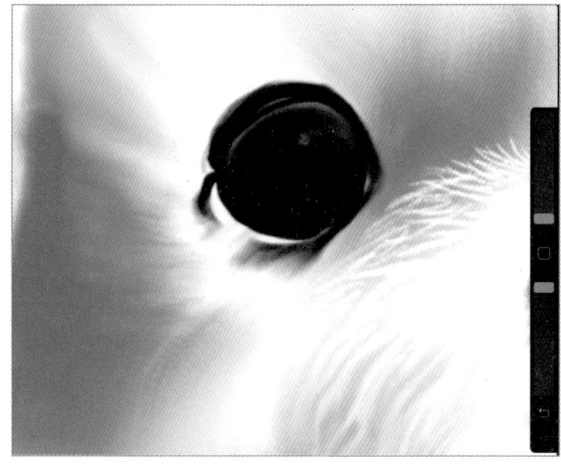

눈의 아래쪽은 [손가락 툴]을 사용하여 사선 방향으로 길게 문질러, 털을 묘사해줍니다.

32

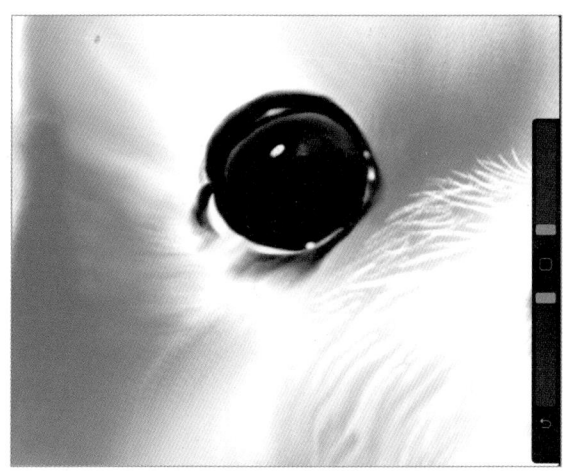
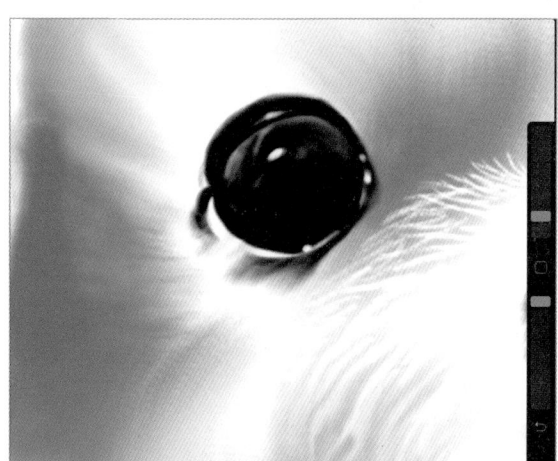

눈에 ④번 색으로 조금씩 점을 찍어 생기를 넣어줍니다.

33

눈의 아래쪽을 [손가락 툴]로 좀 더 문질러 털을 확실히 묘사합니다.

34

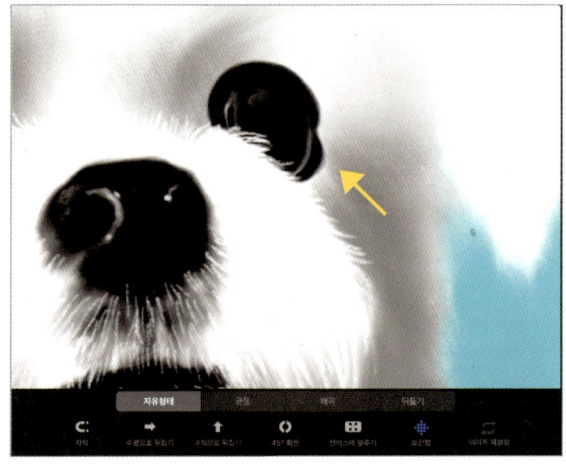

그림을 전체적으로 보니 오른쪽 눈이 너무 커져서 비율이 맞지 않아요. [메뉴]의 [조정]-[픽셀 유동화]로 눈을 아래서 위로 조금 올려 크기를 조절합니다.

35

다시 전체적으로 그림을 체크합니다.

36

 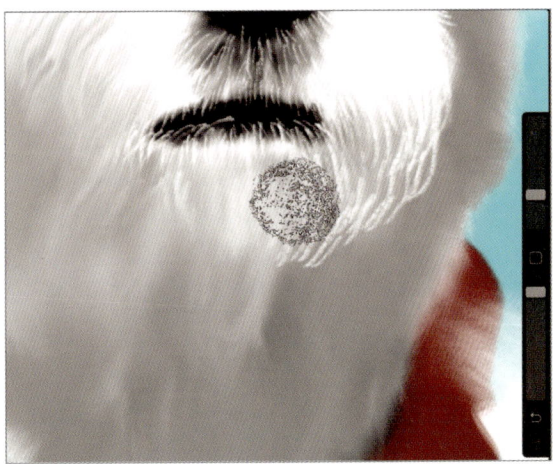

레이어6을 선택하고, [스케치]-[HB 연필] 브러시를 사용하여 ④번 색으로 털의 방향에 유의하며 턱에 털을 그립니다. 그러고 나서 [손가락 툴]로 살짝 문질러줍니다. 그림이 생각보다 너무 어두워졌을 때 이렇게 하면 털 묘사도 남기면서 그림을 밝아지게 할 수 있습니다.

37

얼굴 왼쪽 부분도 같은 방법으로 털을 묘사해줍니다.

38

왼쪽 아랫부분도 동일하게 진행합니다.

39

묘사가 없거나 과하게 문질러진 부분에도 털을 그려주고, 묘사가 너무 없어지지 않도록 주의하며 [손가락 툴]로 문지릅니다.

40

양쪽 눈머리, 미간에도 같은 방법으로 털을 묘사합니다.

41

오른쪽 눈 주위에도 계속해서 동일하게 진행합니다.

42

레이어2를 선택하고, ①번 색으로 필압을 약하게 하여 음영이 부족한 곳에 색을 얹어줍니다.

43

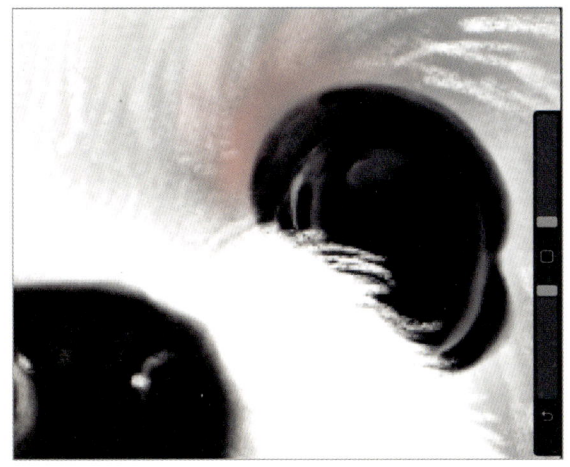 

⑥번 색으로 양쪽 눈머리에 속살을 살짝 칠합니다. 눈이 가려지면 ③번 색으로 눈을 한 번 더 그려 잘 보이게 합니다.

44

레이어6을 선택하고 [스케치]-[HB 연필] 브러시를 사용하여, ④번 색으로 방금 칠한 속살 위에 털을 조금 그려줍니다.

45

그림을 전체적으로 보면서, 묘사가 부족한 부분에 털을 그린 뒤 [손가락 툴]로 문질러줍니다.

46

레이어2를 선택하여 코의 양옆에 ①번 색을 살짝 올려주고 [손가락 툴]로 문지릅니다.

47

레이어6을 선택하고, 아래턱의 라인을 털을 묘사해서 잡아준 뒤 [손가락 툴]로 문질러 자연스럽게 표현해줍니다.

48

귀에도 털을 그려줍니다. 여기에는 [손가락 툴]을 사용하지 않습니다.

49

레이어2를 선택하고, 사진에 표시한 부분에 ①번 색으로 음영을 표현해 48번 과정에서 그린 털이 돋보이게 해줍니다.

50

양쪽 귀에 ①번 색으로 살짝 음영을 넣어줍니다.

51

[스케치]-[HB 연필] 브러시를 사용하여 입 양쪽에 ③번 색으로 털처럼 그려주면 털에 가려진 입술이 표현됩니다.

52

레이어5를 선택하고, 목과 닿는 부분을 ③번 색으로 칠해 진하게 눌러줍니다. 같은 색으로 옷의 주름을 그리고 [손가락 툴]로 경계를 문질러줍니다. 이때 둥글게 해주면 몸통의 둥근 모양이 표현됩니다.

53

계속해서 옷에 주름과 그림자를 표현해줍니다. 이때 레이어5에 [알파 채널 잠금]을 설정해주면 가장자리 부분을 칠할 때 옷 밖으로 그림이 튀어나오지 않아 편합니다.

54

레이어2를 선택하고 ①번 색으로 강아지의 그림자 전체를 칠합니다. 이때 발이 가려지지 않도록 남겨두고 칠하거나, 일단 다 칠한 뒤 나중에 지워서 발이 나오게 해줘도 됩니다.

55

[스케치]-[소프트 파스텔] 브러시로 턱 아래쪽에 ④번 색을 살짝 올려 밝게 표현해줍니다. 전체적으로 보아, 너무 어두워진 부분들에 조금씩 ④번 색을 올려주세요.

실전 4. 동물 _ 강아지

56

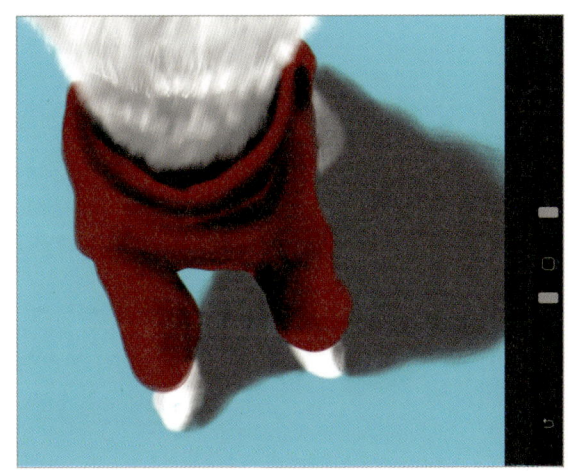

새 레이어를 만들고 가장 위에 놓습니다. 그림자를 펜으로 꾹 눌러 색상을 추출하고, 약한 필압으로 뒷발 전체, 앞발의 오른쪽을 칠해주며 마무리합니다.

전체적인 털의 방향

● 남자

남자 color

> **tip**
>
> 책 마지막 장의 삽지에서 QR코드를 스캔하여 스케치를 다운로드 한 후에 그림을 그려주세요.

1

배경 색상 레이어를 눌러 ⑥번 색으로 배경색을 지정합니다.

2

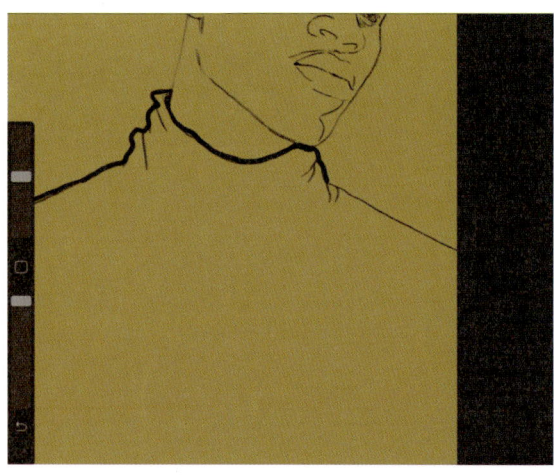
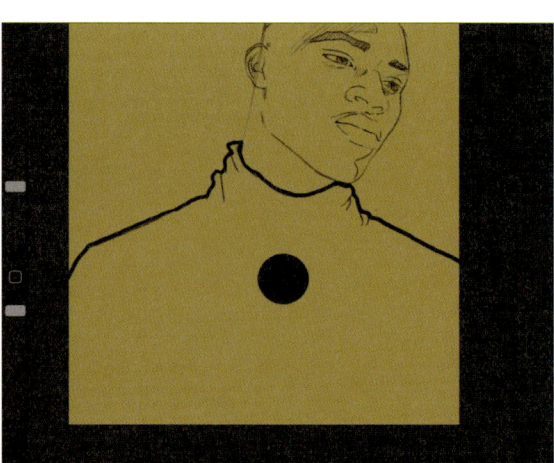

스케치 위에 새 레이어를 만든 후 ②번 색을 사용하여 [잉크]-[테크니컬 펜] 브러시로 옷의 외곽선을 쭉 따줍니다. 빈 곳이 없어야 합니다. 다 그렸으면 오른쪽 상단의 컬러를 끌어와 옷 부분을 가득 채웁니다.

3

새 레이어를 추가하고 옷을 칠한 레이어 아래에 둡니다. [에어브러시]-[미디움 에어브러시] 브러시를 선택하고 얼굴의 왼쪽 부분을 ①번 색으로 칠합니다. 왼쪽 눈과 광대 부분만 남기고 모두 칠해주세요. 사진을 참고하며 입술도 함께 칠합니다.

4

③번 색으로 목과 얼굴의 음영을 잡아줍니다. 오른쪽 얼굴 중에서는 눈썹 아래와 코 옆을 칠해주세요.

5

색과 색 사이의 경계 부분을 [손가락 툴]로 문질러 자연스럽게 블렌딩합니다.

6

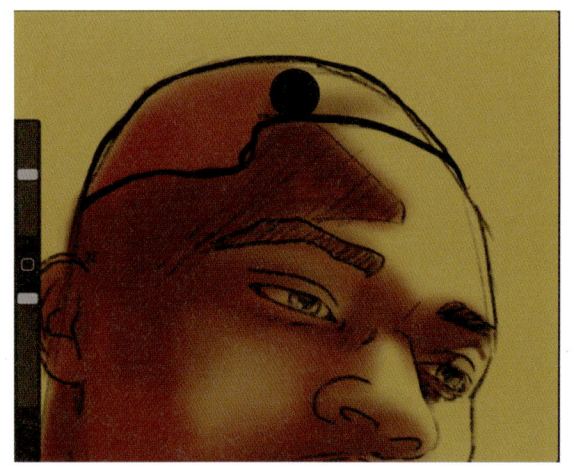 

새 레이어를 추가하고 [잉크]-[테크니컬 펜] 브러시로 2번 과정과 동일하게 머리카락을 그려줍니다. 외곽선을 딸 때 조금이라도 끊어진 곳이 있으면 색이 전체로 퍼지므로 주의합니다. (영상에서 확인!)

7

④번 색으로 얼굴의 가장 밝은 부분을 칠해주고 [손가락 툴]을 사용하여 경계를 블렌딩합니다. 이마, 콧대, 광대, 볼, 눈두덩이를 비롯한 오른쪽 부분 전체, 아랫입술 반까지입니다.

8

색상 사이의 경계를 [손가락 툴]로 문질러 자연스럽게 풀어줍니다.

9

④번 색으로 흰자위를, ②번 색으로 홍채를 칠합니다. 홍채는 꽉 채우지 말고 흰 부분을 조금 남겨야 자연스러운 눈이 그려집니다. ②번 색으로 쌍꺼풀과 아이라인도 같이 그려주세요. [손가락 툴]로 아이라인을 아래쪽으로 문질러, 흰자위의 위쪽이 살짝 회색을 띠게끔 해주세요. 눈두덩이의 그림자가 생기기도 하고, 안구는 눈꺼풀보다 안쪽에 위치하기 때문에 흰자위 윗부분이 살짝 어둡습니다.

10

스케치 레이어를 끄고 확인해보며 약하게 그려진 곳에 색을 올려줍니다. [손가락 툴]로 문질러 색의 경계도 자연스럽게 정리해주세요.

11

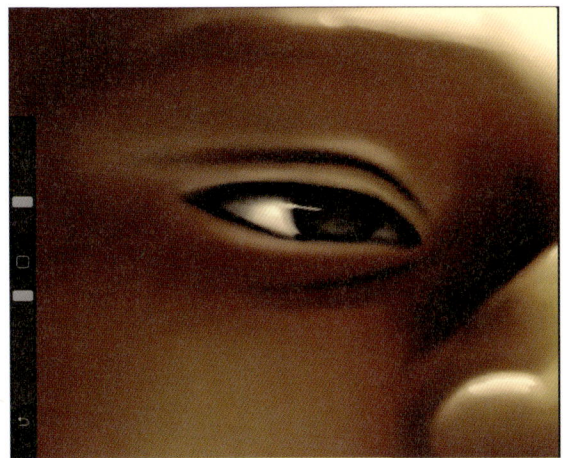 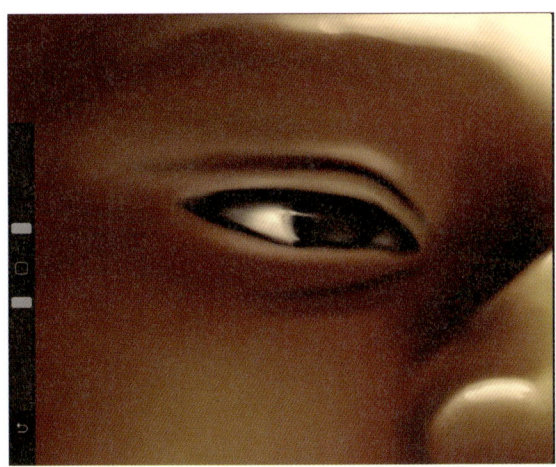

④번 색으로 홍채 위에 가늘게 가로선을 그려주고 [손가락 툴]로 살짝 문질러줍니다.

12

[스케치]-[HB 연필] 브러시를 사용하여 ②번 색으로 속눈썹을 그립니다.

13

꺼뒀던 스케치 레이어를 켜주세요. [잉크]-[테크니컬 펜] 브러시를 사용하여 ②번 색으로 콧구멍을 반 정도만 칠하고 콧방울의 음영을 칠해줍니다.

14

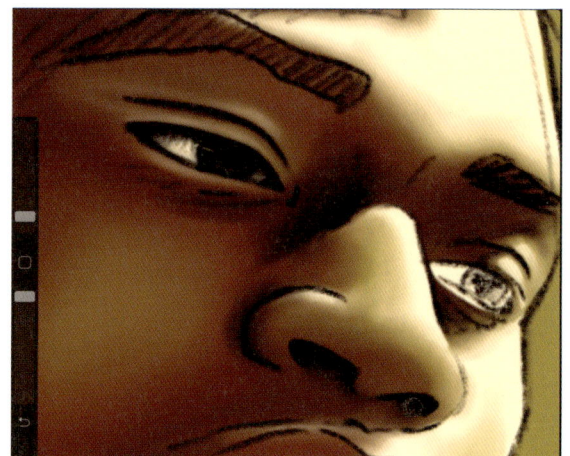

[손가락 툴]을 사용하여 경계 부분을 자연스럽게 풀어주세요.

15

다시 스케치 레이어를 끕니다. 머리카락을 그려둔 레이어를 선택하고 헤어라인을 [손가락 툴]로 문질러 이마의 음영과 자연스럽게 연결합니다.

16

피부 레이어를 선택하여 나머지 한쪽 눈을 9번 과정과 동일하게 그려주세요.

17

④번 색으로 애굣살의 하이라이트를 칠한 후 [손가락 툴]로 문질러줍니다.

18

스케치 레이어를 다시 켜준 후 피부 레이어를 선택하고, 밝은 피부를 꾸욱 눌러 추출한 색으로 얼굴의 외곽선을 깔끔하게, 형태가 잘 보이도록 그려주세요.

19

스케치 레이어를 끈 다음, 얼굴의 윤곽선을 [손가락 툴]로 살짝 문질러줍니다. 형태가 뭉개지며 없어져버리지 않도록 주의하세요. 칼로 자른 듯이 깔끔하게 잘린 느낌이 나지 않도록 부드러운 느낌이면 됩니다.

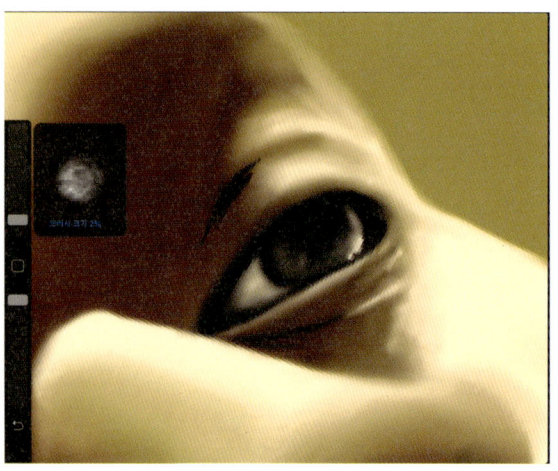

20

브러시 크기를 아주 작게 줄여, ②번 색으로 쌍꺼풀 라인을 잡아주고 [손가락 툴]로 풀어줍니다.

21

조금 더 어두워야 하는 곳에 ②번 색을 칠하고 [손가락 툴]로 문질러줍니다.

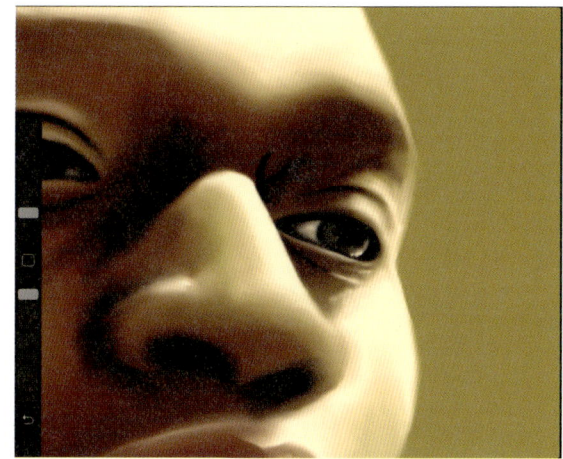

22

[스케치]-[HB 연필] 브러시를 사용하여 ②번 색으로 속눈썹을 그려줍니다.

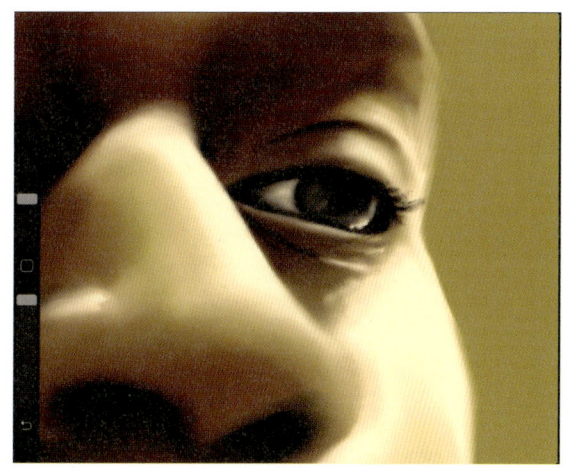

23

④번 색으로 속눈썹 안쪽과 눈동자에 작은 점을 찍는 것으로 눈을 마무리합니다.

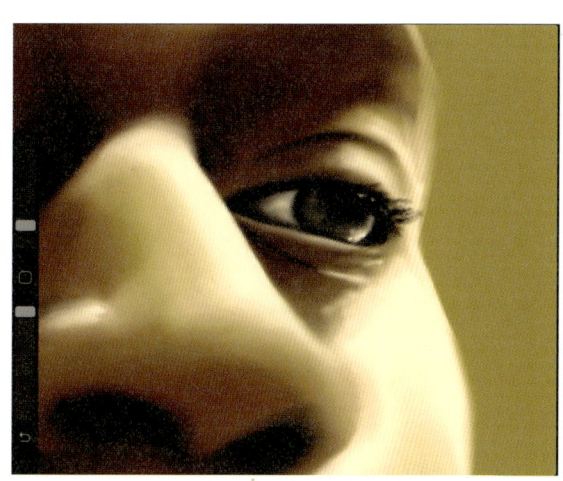

24

꺼뒀던 스케치 레이어를 켜고, ②번 색으로 턱 아래와 귀 주변의 음영을 잡아줍니다.

25

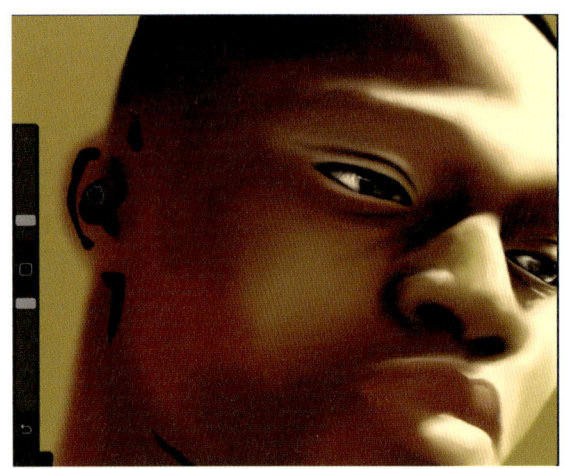 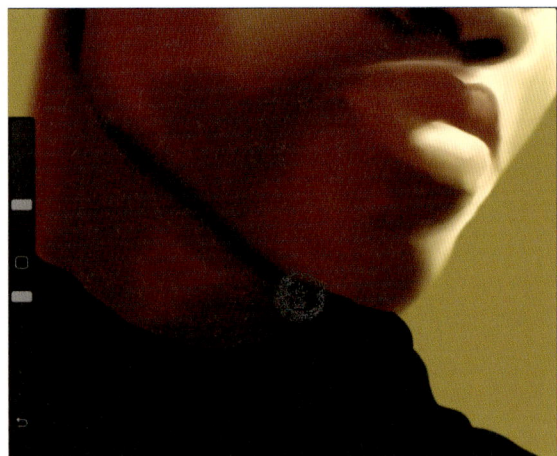

스케치 레이어를 다시 끄고, 음영의 경계를 [손가락 툴]로 문질러 풀어줍니다.

26

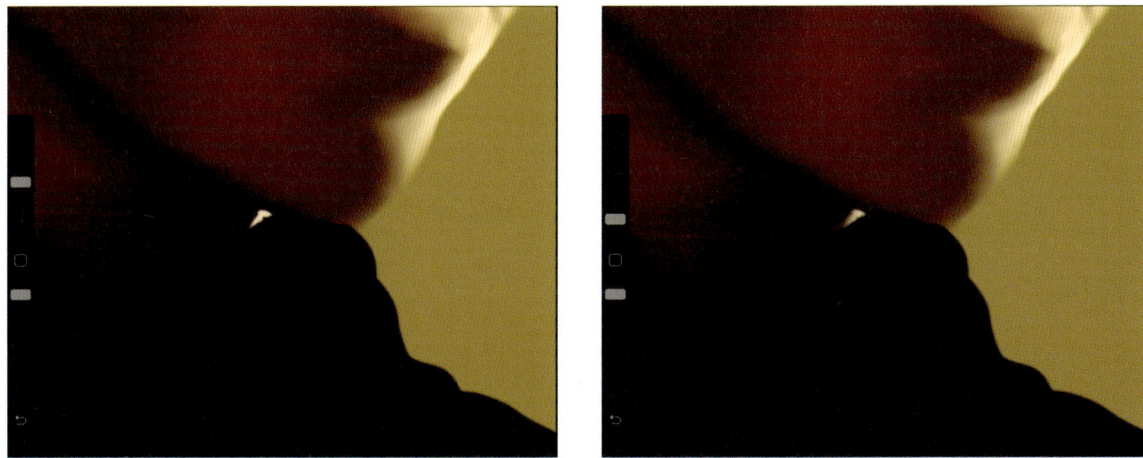

목과 옷의 경계 부분에도 ②번 색을 칠한 후 잘 문질러줍니다. ④번 색으로 목의 하이라이트를 그리고 살짝 문질러서 풀어주세요.

27

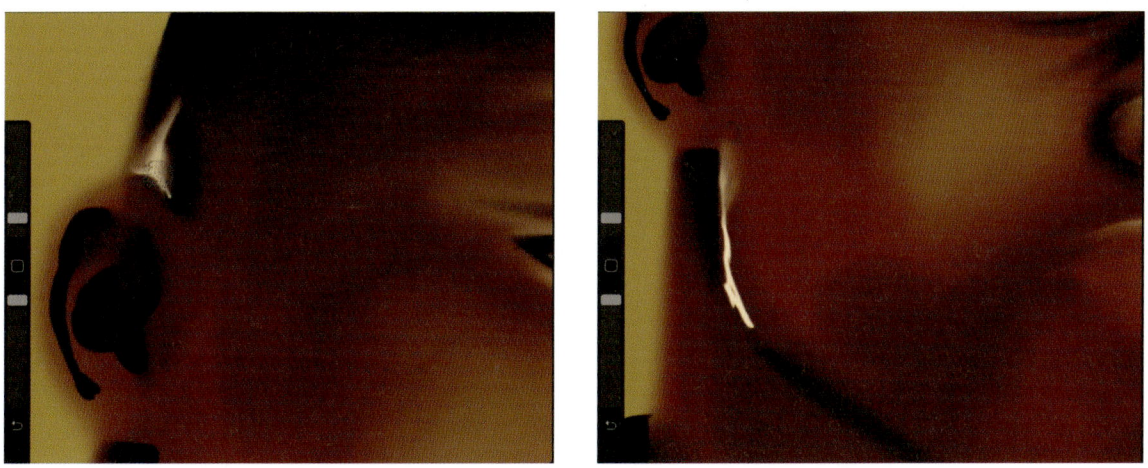

같은 색으로 귀 위쪽에도 하이라이트를 칠하고 문질러줍니다. 턱의 하이라이트도 같은 방법으로 표현해주세요.

28

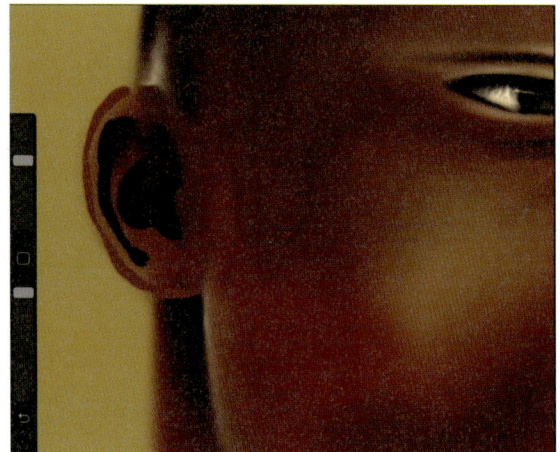 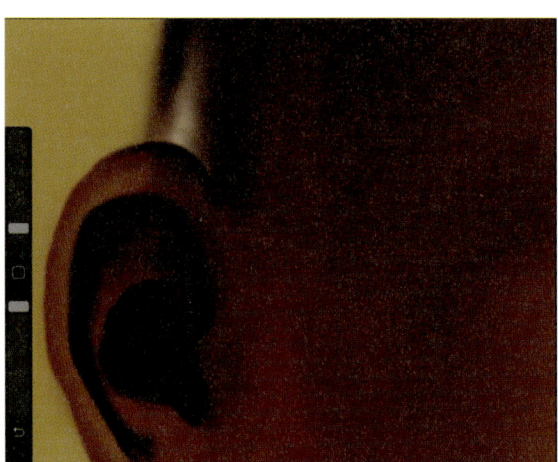

피부에서 색을 추출하여 귀의 외곽선을 깔끔하게 잡아줍니다. [손가락 툴]을 사용하여 안쪽으로 문질러 그러데이션 해주세요.

29

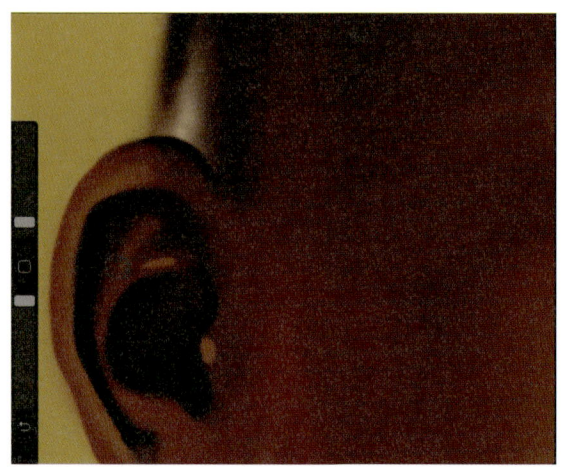

귓바퀴에서 밝은색을 추출하여 귀 안쪽의 하이라이트 부분을 칠한 후 [손가락 툴]로 문질러주세요.

30

피부 레이어를 클릭하여 [알파 채널 잠금]을 설정하고, 귀 전체가 보이도록 그림 사이즈를 줄인 다음, 어색한 부분이 없는지 보면서 [손가락 툴]로 문질러줍니다. 저는 귓불의 색이 어두워 보여 밝은색을 얹고 문질러주었습니다.

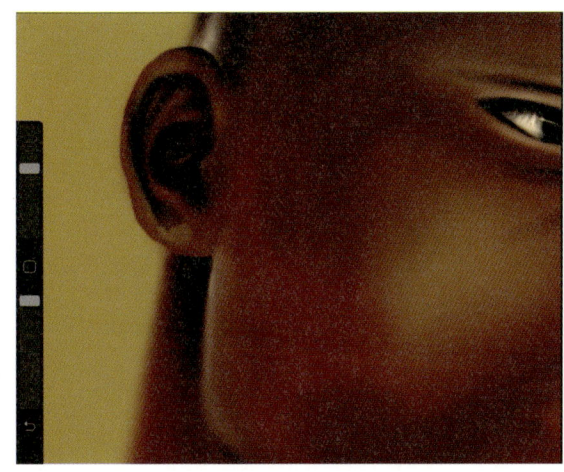

31

[알파 채널 잠금]이 설정된 상태에서 목 가장 바깥쪽과 턱에 ④번 색을 한 번 더 올리고 [손가락 툴]로 문질러줍니다.

32

[알파 채널 잠금]을 해제한 뒤, 목 외곽선의 흐릿한 부분을 깔끔하게 지워주세요.

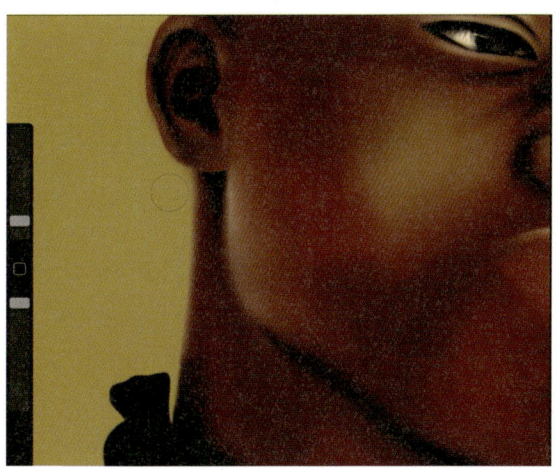

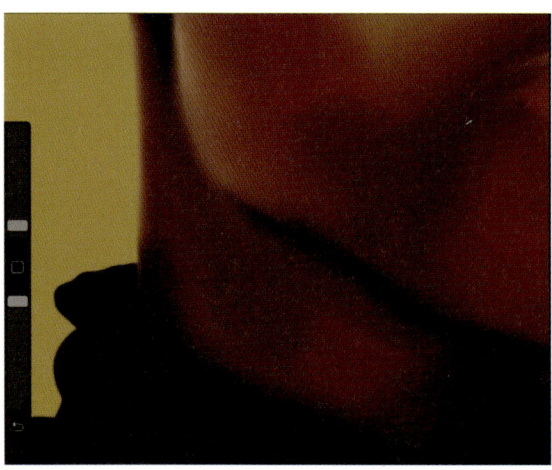

33

옷 레이어를 선택하여 빈 곳을 ②번 색으로 채워줍니다.

34

꺼뒀던 스케치 레이어를 켜고, [스케치]-[HB 연필] 브러시를 사용하여 ②번 색으로 눈썹을 그립니다. 눈썹산 부분은 세로로 그리고, 눈썹꼬리 쪽으로 갈수록 점점 아홉 시 방향으로 눕혀지게끔 그려주세요.

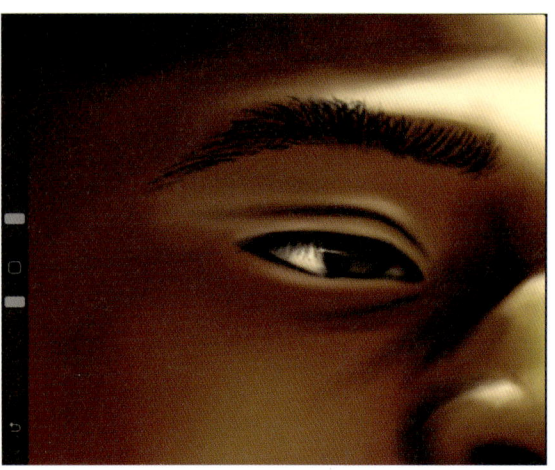

35

스케치 레이어를 다시 끈 후, 눈썹의 위아래를 [손가락 툴]로 살짝 문질러줍니다.

36

[스케치]-[소프트 파스텔] 브러시로 눈썹 전체를 한 번만 쓱 문질러 색을 채웁니다. 오른쪽 눈썹은 [소프트 파스텔] 브러시로 먼저 칠하고 나서 [스케치]-[HB 연필] 브러시로 한 가닥씩 그려주어도 됩니다.

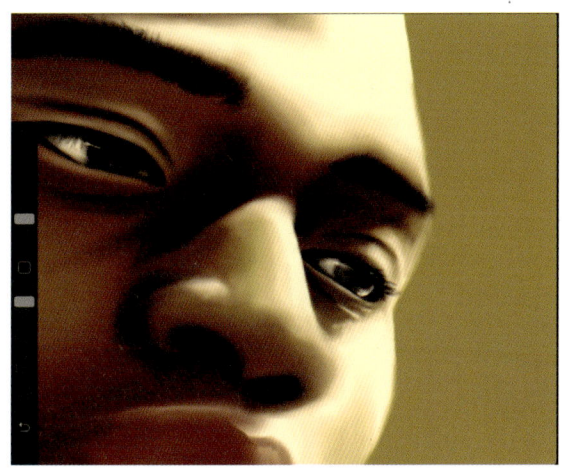

37

눈썹의 위쪽에 ④번 색을 살짝씩 얹어주면 좀 더 자연스럽습니다.

38

[스케치]-[소프트 파스텔] 브러시를 선택하여 ⑤번 색으로 입술을 칠합니다.

39

③번 색으로 입술의 중간 톤을 한 번 더 칠합니다.

40

표시된 부분을 ②번 색으로 칠하고 [손가락 툴]로 문질러줍니다.

41

①번 색으로 아랫입술에 음영을 살짝 올리고 [손가락 툴]로 문질러 도톰한 느낌을 더합니다.

42

④번 색으로 입술 주름을 일부 그리고 [손가락 툴]로 문질러 자연스럽게 만듭니다.

43

[스케치]-[오일 파스텔] 브러시를 사용하여, ②번 색으로 굉장히 살살, 얼굴의 어두운 부분에 브러시의 텍스처가 조금씩 남도록 칠합니다. 펜이 화면을 살짝 스쳐 지나가는 정도로만 그려주세요.

44

입술 아래쪽에 ②번 색을 칠하고 [손가락 툴]을 사용하여 아래로 문질러 그러데이션 합니다.

45

입꼬리 부분을 살짝 문질러 얼굴 피부와 자연스럽게 이어지도록 해준 뒤 마무리합니다.

● 여자

여자 color

> **tip**
>
> 책 마지막 장의 삽지에서 QR 코드를 스캔하여 브러시와 스케치를 다운로드한 후에 그림을 그려주세요.
> 다운받은 브러시는 브러시 라이브러리의 [가져옴]에서 찾을 수 있습니다.

1

[스케치]-[보노보 분필] 브러시를 선택합니다. 새 레이어를 추가하여 스케치 레이어 위에 놓고, ①번 색으로 이마와 오른쪽 광대, 입술을 제외한 모든 부분을 칠해줍니다.
프로크리에이트 5.0.1 버전의 사용자는 위의 tip을 따라 브러시를 다운로드해주세요.
([가져옴]-[보노보 분필])

2

②번 색으로 눈 주위를 칠해줍니다. 같은 색으로 얼굴의 왼쪽 라인, 콧대의 그림자, 입술 아래, 코 아래도 칠해 얼굴의 음영을 잡아주세요.

3

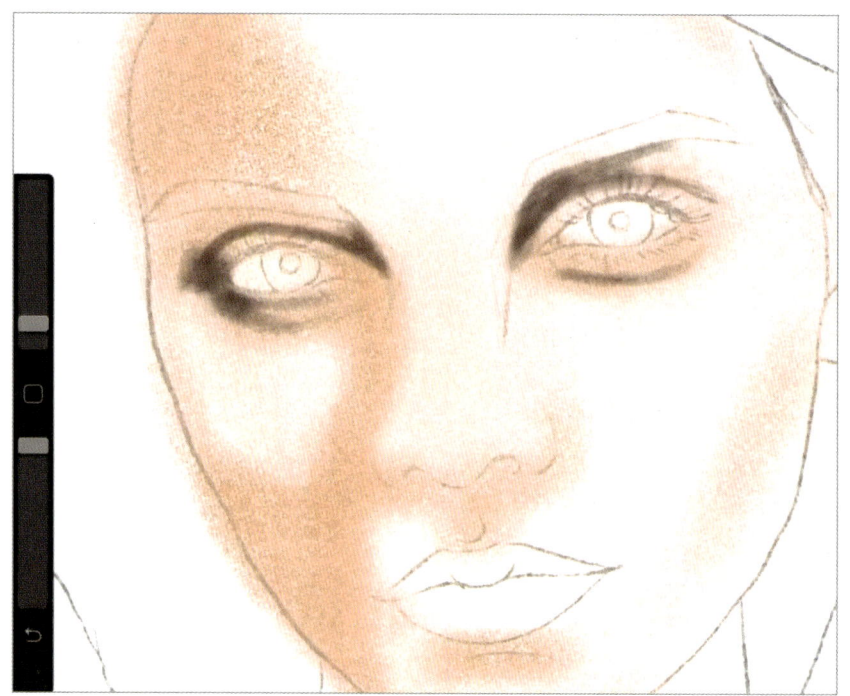

③번 색으로 쌍꺼풀 라인과 눈두덩이를 칠하고 왼쪽 눈의 눈꼬리 쪽에 음영을 살짝 표현해줍니다. 애굣살 아래의 음영도 잡아주세요.

4

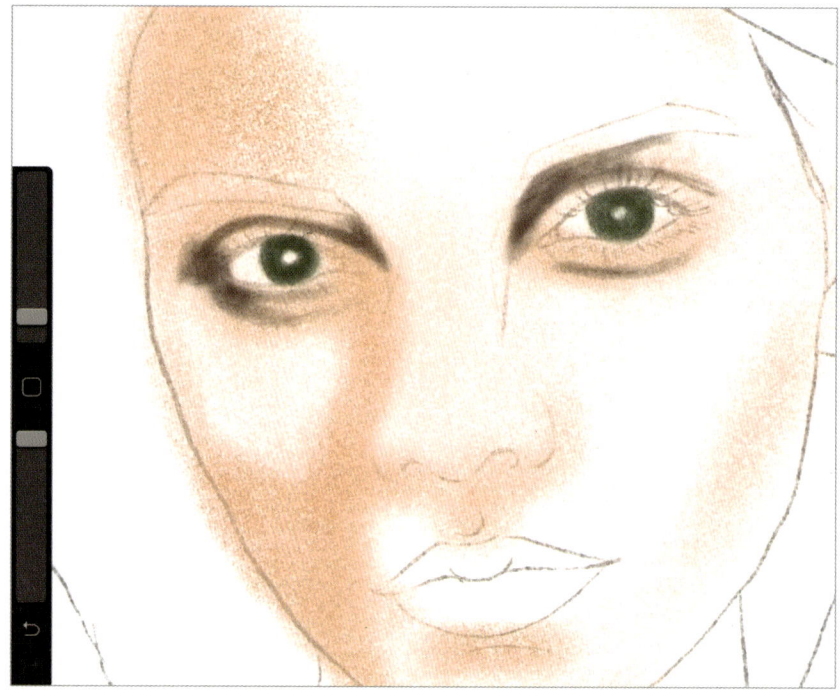

실전 5. 인물 _ 여자

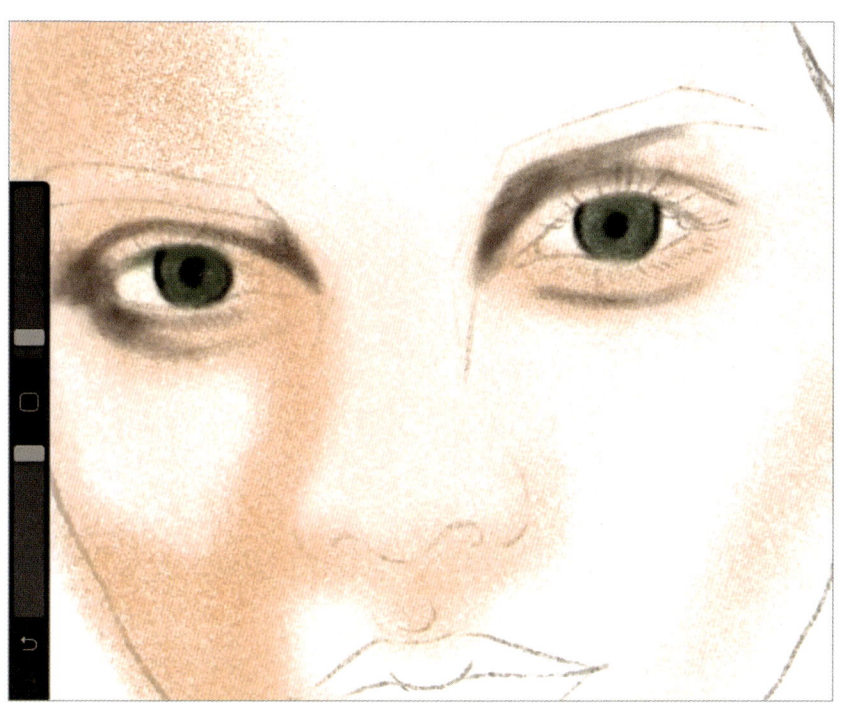

④번 색으로 홍채를 칠한 뒤 ⑧번 색으로 동공과 홍채의 바깥 라인을 그립니다.

5

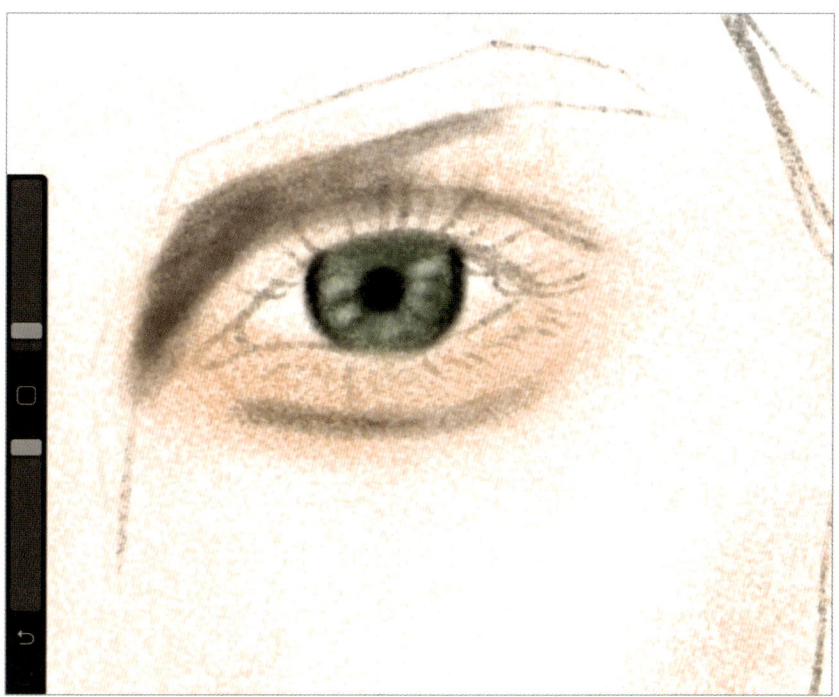

동공을 기준으로 바깥쪽을 향하도록 ⑨번 색의 선을 그려 눈동자의 빛을 묘사합니다.

6

⑧번 색으로 아이라인을 그려 줍니다.

7

⑧번 색으로 콧구멍을 칠하고, ③번 색으로 콧방울 옆을 어둡게 눌러 코의 형태를 확실히 잡아줍니다. 입술 아래의 음영도 그려주세요.
브러시 크기를 키워서 왼쪽 턱을 한 번 넓게 칠해주세요.

8

②번 색으로 코끝과 콧대, 인중을 조금 더 진하게 칠합니다. 필압은 너무 세지 않게 해주세요.

9

브러시 크기를 키우고 ③번 색을 눈두덩이에 섀도를 바른다는 느낌으로 넓게 칠합니다.

10

실전 5. 인물 _ 여자

⑤번 색으로 입술을 칠해주세요. 이때 아랫입술의 가운데 부분은 필압을 약하게 하여 연하게 그러데이션 해줍니다. ⑧번 색으로 입술의 양끝과 가운데를 진하게 칠하고 [손가락 툴]로 문질러 윗입술로 살살 그러데이션 합니다.

11

③번 색으로 필압을 조금 세게 하여 눈썹을 그려줍니다.

12

⑧번 색으로 쌍꺼풀 라인을 잡고, 콧구멍도 조금 진하게 그려 줍니다.

13

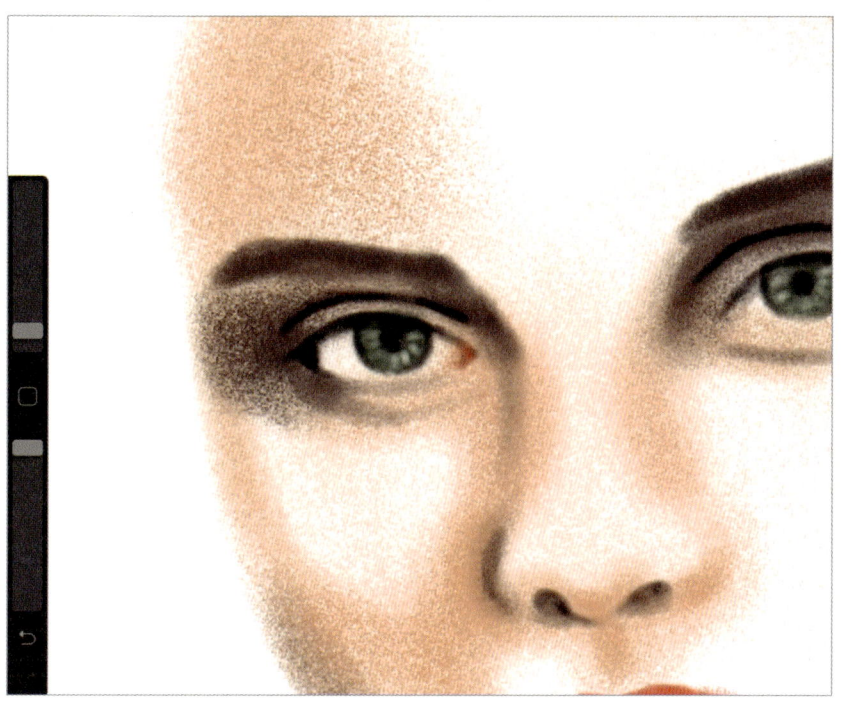

스케치 레이어를 끄고, ⑧번 색으로 아이라인과 눈꼬리를 진하게 그립니다. ⑩번 색으로 눈머리 안쪽에 속살을 그려주세요. 스케치 레이어를 켜고 ⑨번 색으로 눈머리에 살짝 포인트를 줍니다.

14

⑧번 색으로 속눈썹을 그려줍니다.

15

실전 5. 인물 _ 여자

새 레이어를 만들고 ⑥번 색으로 머리카락을 모두 칠합니다.

16

①번 색으로 가르마를 표시합니다.

17

가르마 오른쪽 부분을, 머리카락의 뿌리 부분부터 모발이 자연스럽게 그러데이션 되도록 ⑧번 색으로 칠해줍니다. 귀 위쪽, 귀 아래쪽, 그리고 왼쪽 중간 부분도 칠해주세요.

18

스케치 레이어를 끄고, ⑥번 색으로 머리카락을 좀 더 묘사합니다. 브러시 크기를 제일 작게 줄인 후 그려주세요.

19

다시 스케치 레이어를 켜고 ② 번 색으로 귀의 안쪽 형태를 묘사합니다.

20

①번 색으로 목 전체를 칠합니다. ②번 색으로 턱 아래를 칠하고, 목 가운데에 삼각형을 그려 음영을 표현합니다.

21

옷과 닿는 부분에도 같은 색을 칠해 음영을 그려줍니다.

22

왼쪽 볼 아래의 머리카락이 얼굴 쪽으로 너무 많이 들어와 있어서 비율이 어색해졌습니다. 레이어 2를 선택하고 가려진 볼이 드러나도록 ①번 색으로 볼의 윤곽을 정리해 비율을 맞춰주세요.

23

새 레이어를 추가해 가장 위에 올리고, ⑪번 색으로 옷 전체를 칠합니다.

24

옷 레이어의 [N]을 눌러 불투명도를 줄이고, 옷을 칠하면서 머리카락이 가려졌다면 머리카락이 보이도록 잘 지워줍니다.

25

스케치 레이어를 끈 후, 새 레이어를 만들어 가장 위로 올리고, ⑦번 색으로 머리카락을 좀 더 묘사합니다. 가느다란 머리카락도 세밀하게 그려주세요.

26

⑧번 색으로 양쪽 입꼬리를 살짝 올려 그려줍니다. 입술 왼쪽에 ②번 색을 올려 피부 톤을 맞춰줍니다.

27

미간에도 같은 색을 칠해주세요.

28

머리카락 레이어를 선택하고 ⑧ 번 색으로 가르마 옆에 머리카락의 뿌리 부분을 그려줍니다.

29

①번 색으로 코끝의 둥근 모양을 묘사합니다. 콧등이 너무 하얗게 남아 있으므로, 같은 색을 사용하여 약한 필압으로 콧등을 살살 칠하고 마무리합니다.

● 비 오는 거리

실전 6. 리버스 드로잉 _ 비 오는 거리

비 오는 거리 color

1

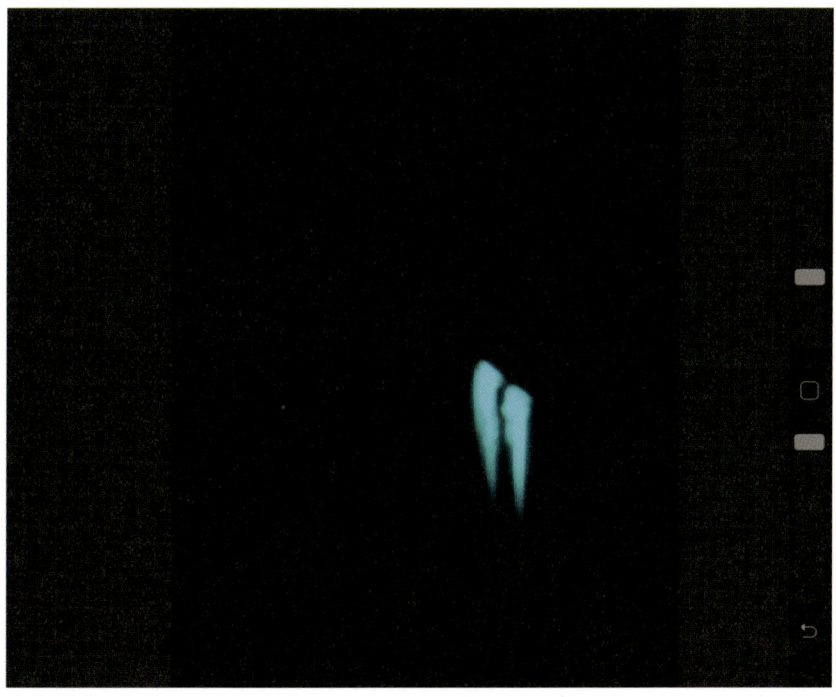

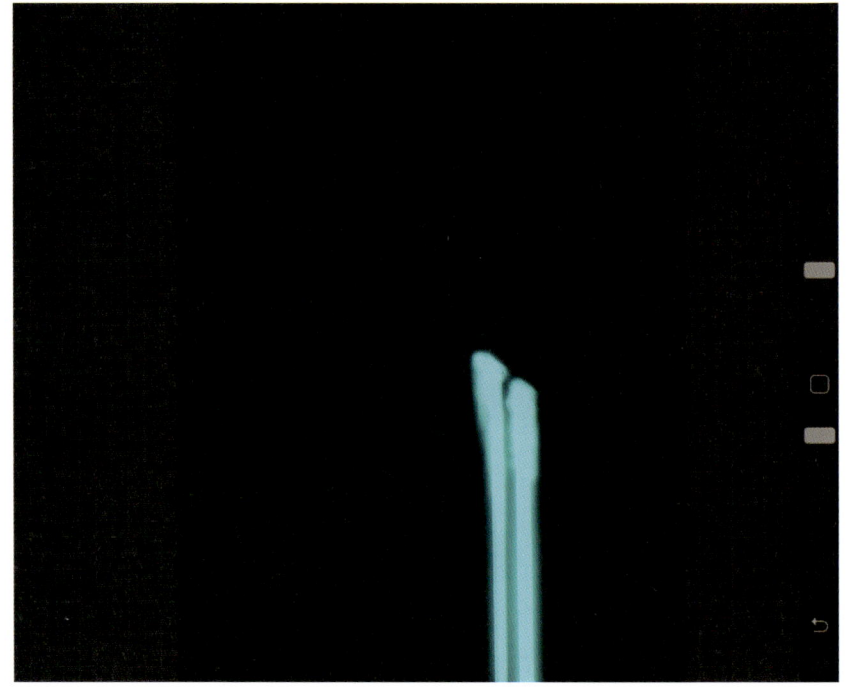

배경 색상을 ⑤번 색(검은색)으로 바꿔주세요. [빛]-[라이트 브러시] 브러시를 선택하여 ①번 색으로 사진처럼 두 줄을 그립니다. 윗부분은 사선으로 떨어지게 그리고, 아래로 내릴 때는 필압을 약하게 해줍니다.

2

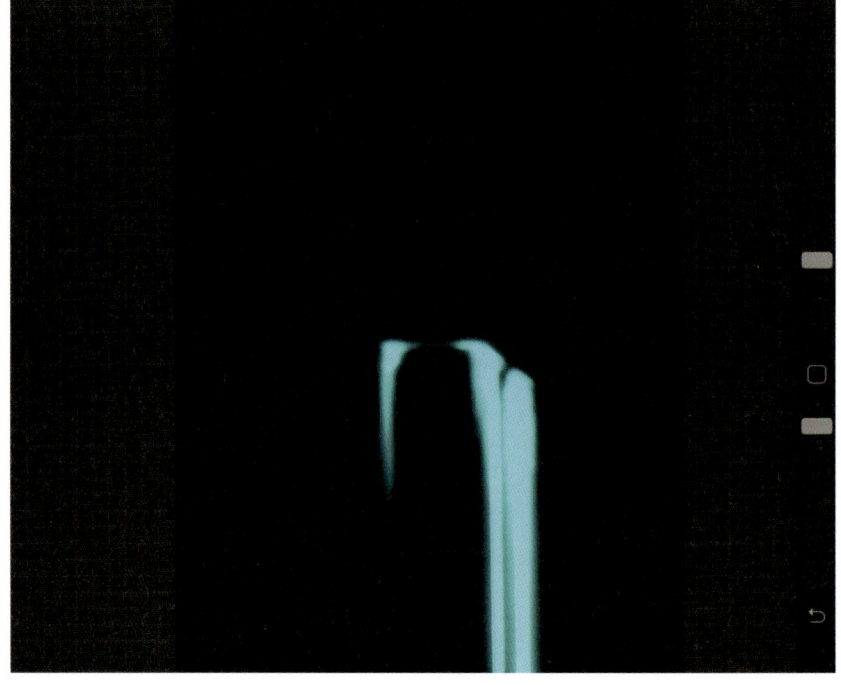

1번 과정에서 그린 선과 연결하듯 왼쪽에도 그려줍니다.

3

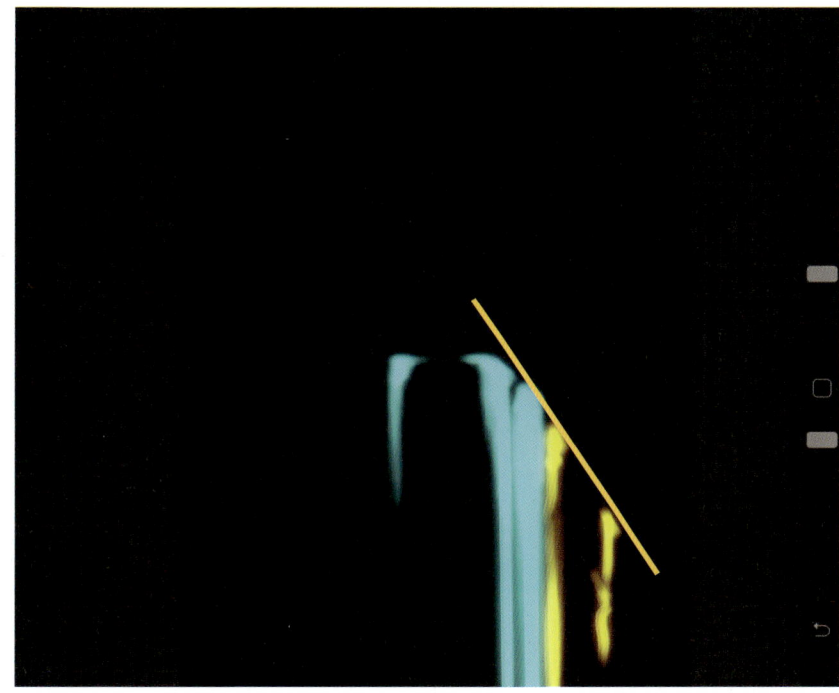

②번 색으로 오른쪽에 빛줄기를 추가합니다. 여전히 윗부분은 사선이어야 합니다.

4

왼쪽도 윗부분은 사선을 유지하며 빛줄기들을 그려줍니다. 위에서 아래로, 아래에서 위로 다양하게 그립니다.

5

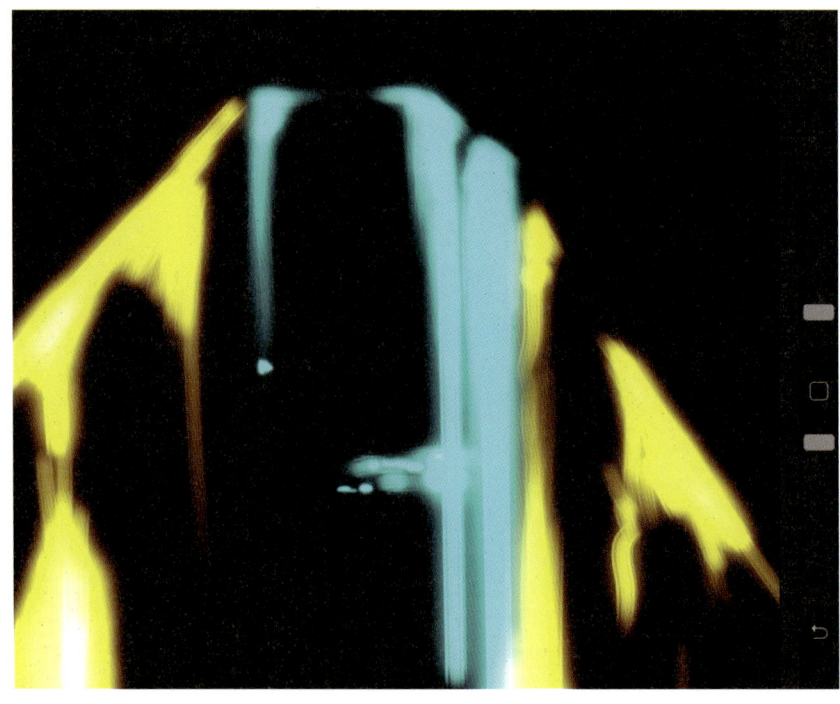

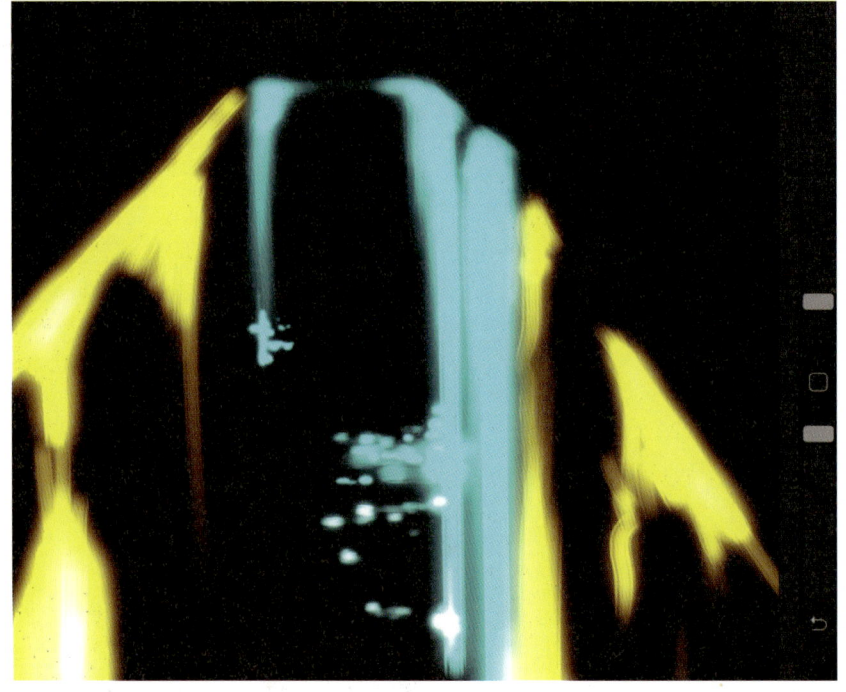

브러시 크기를 줄인 후, ①번 색으로 사진처럼 점을 찍어줍니다. 이때 점은 규칙적으로 찍지 말고 찍었다, 말았다를 반복하는 것이 좋습니다.

6

5번 과정을 좀 더 그려준 후, 같은 색을 사용하여 그림 위쪽에 약한 필압으로 펜을 동글동글 굴려주며 원 형태들을 그립니다.

7

③번 색을 선택하여 앞서 그린 노란색 빛줄기 주변으로 빨간 빛줄기들을 그립니다.

8

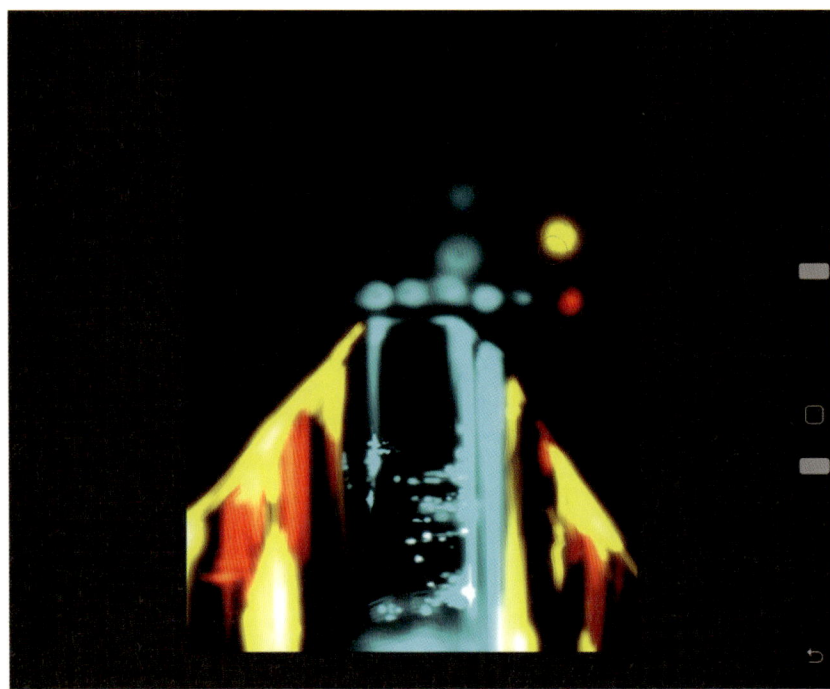

②, ③번 색상을 사용하여, 6번 과정처럼 그림 위쪽에 동글동글한 불빛을 묘사해줍니다.

9

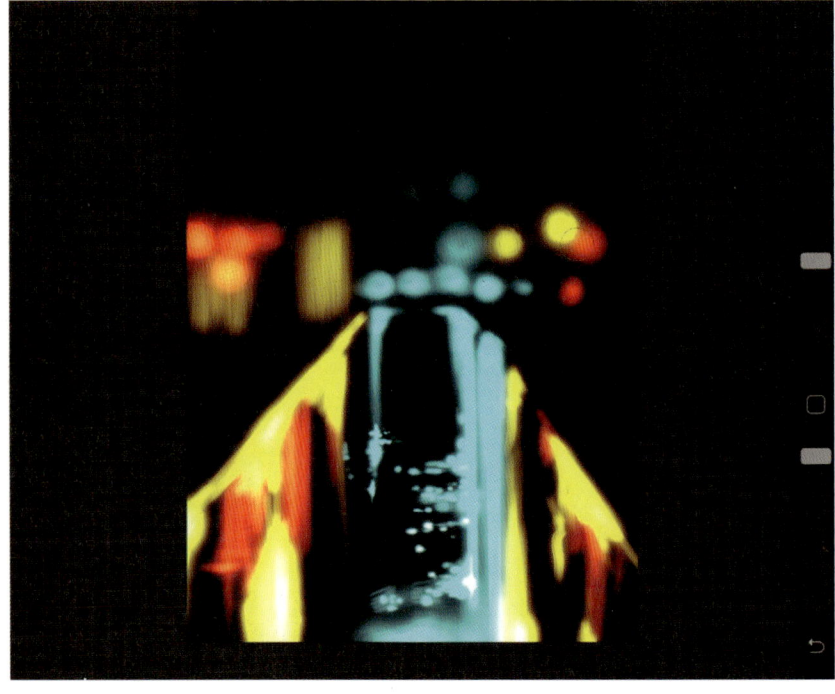

원형, 세로선 등 자유롭게 묘사를 더해주세요. 이때 필압은 약해야 합니다.

실전 6. 리버스 드로잉 _ 비 오는 거리

10

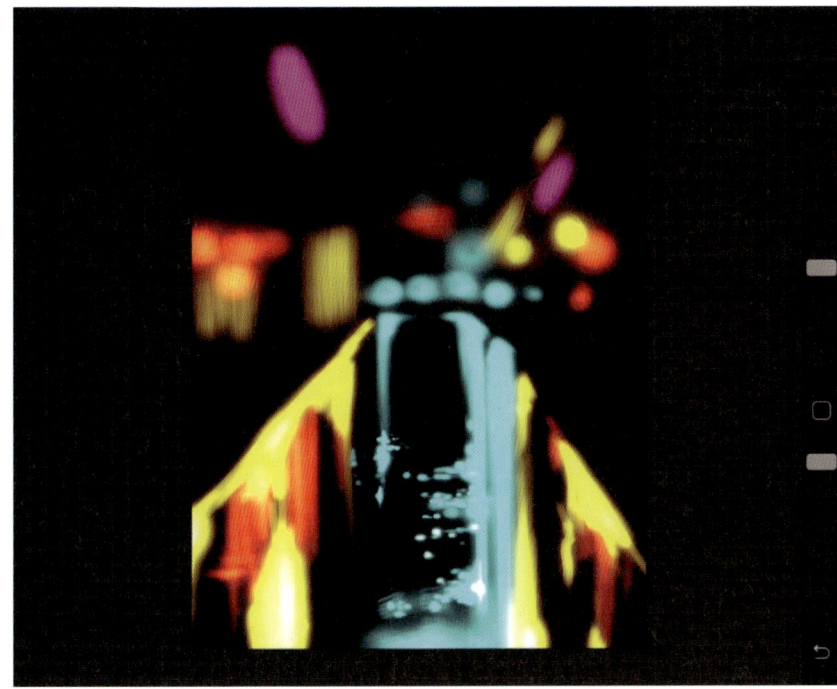

④번 색으로 좀 더 위쪽에 사선을 몇 개 그려줍니다.

11

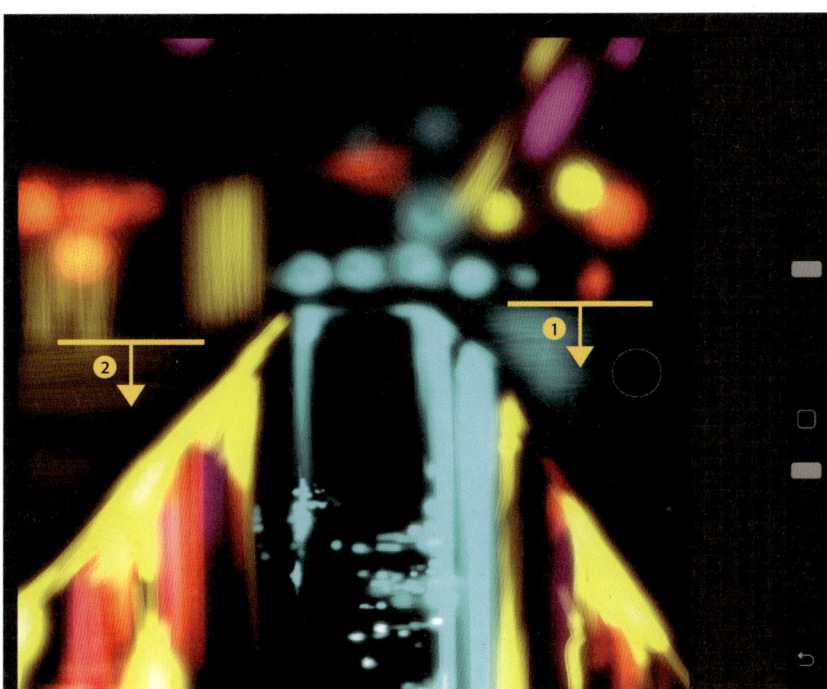

①, ②번 색을 왼쪽과 오른쪽에 각각 가로 방향으로 조금씩 칠합니다.

12

> **tip**
> 사진처럼 직선을 그리려면 선을 쭉 그은 후 펜을 화면에서 떼지 마세요. 저절로 직선이 됩니다.

[에어브러시]-[하드 에어브러시] 브러시를 선택하고, ⑤번 색으로 그림의 가운데에 수평을 표시합니다. 과정 사진은 그림을 가로로 돌려놓고 그린 것입니다.

13

[에어브러시]-[소프트 에어브러시] 브러시를 선택하고, 방금 그린 선을 따라 선 위쪽에 ⑥번 색의 선을 살살 그립니다.

실전 6. 리버스 드로잉 _ 비 오는 거리

14

그림을 원래대로 돌리고, 그림 윗부분에 ⑥번 색으로 동글동글한 빛을 묘사합니다.

15

⑤번 색을 사용하여 앞서 그린 수평선의 양끝과 그 주변을 칠해 어둡게 잡아줍니다.

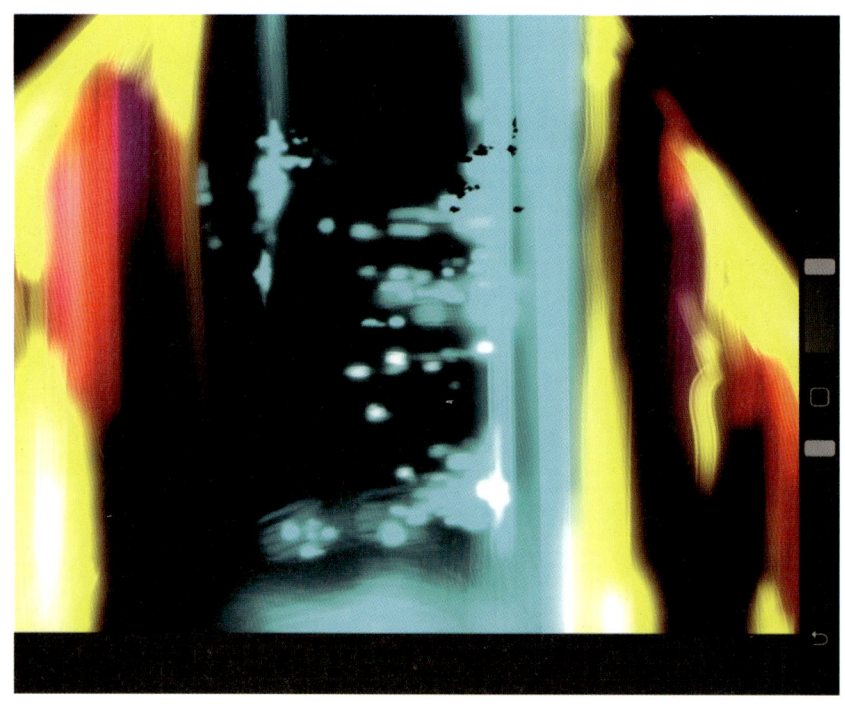

16

같은 색으로, [잉크]-[잉크번짐] 브러시를 선택하고 브러시 크기를 줄여 아래쪽의 빛줄기 사이사이에 작은 점을 흩뿌리듯 많이 많이 그려줍니다. 아스팔트의 거친 느낌을 묘사하여 어두운 부분을 표현하는 것입니다.

17

좀 더 아웃포커싱된 느낌을 내기 위해서 브러시를 [에어브러시]-[소프트 에어브러시]로 바꿔 16번 과정을 반복합니다. 가로로 정렬된 것처럼 묘사합니다.

실전 6. 리버스 드로잉 _ 비 오는 거리

18

브러시의 크기를 다양하게 변경하며 그려줍니다. 굉장히 많이 그려주어야 합니다. 그림을 작게 줄여 전체적인 모습을 한 번씩 확인하며 진행합니다.

19

⑥번 색으로 빛줄기 사이사이 비어 있는 부분에 빛줄기를 그려줍니다. 브러시 크기를 줄여, 점도 여기저기 찍어주세요.

20

①, ②번 색으로 왼쪽, 오른쪽 각 바닥 색에 맞춰 여기저기 점을 찍어줍니다.

21

빛줄기 사이의 검은색 바닥 부분에도 ①번 색으로 점을 찍어 빛을 묘사합니다.

22

[빛]-[보케] 브러시를 사용하여, ⑥번 색을 곳곳에 콕콕 찍어주면 완성입니다.

말

실전 6. 리버스 드로잉 _ 말

말 color

tip

책 마지막 장의 삽지에서 QR 코드를 스캔하여 스케치를 다운로드한 후에 그림을 그려주세요.

1

배경 색상을 검은색으로 지정한 후, 스케치 레이어의 [N]을 눌러 불투명도를 조금 줄여주세요. 브러시는 [서예]-[수성펜]을 사용합니다.

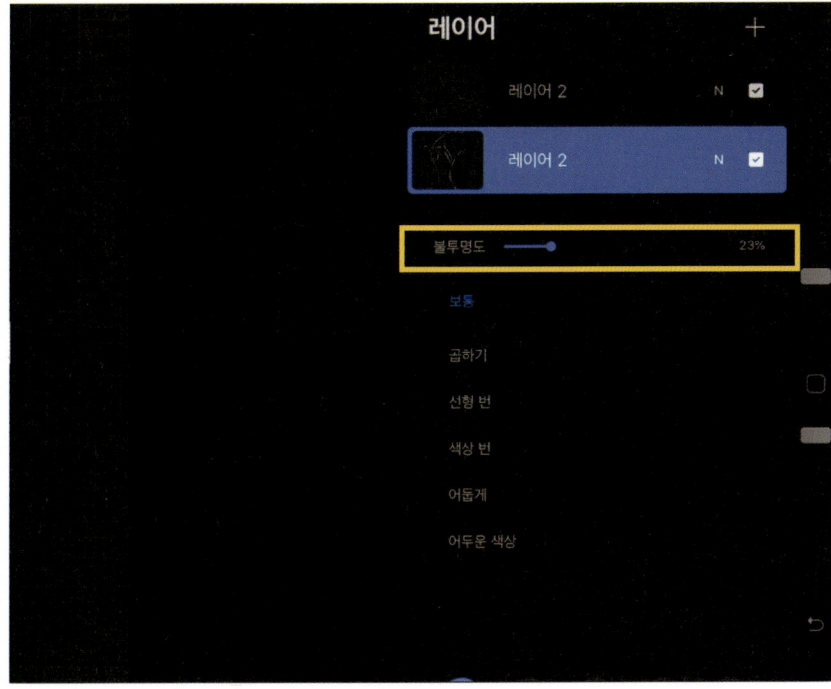

2

①번 색이 말의 중간 톤이 됩니다. 사진처럼 조금 넓게 칠하고 [손가락 툴]로 문질러 자연스럽게 만들어주세요.

3

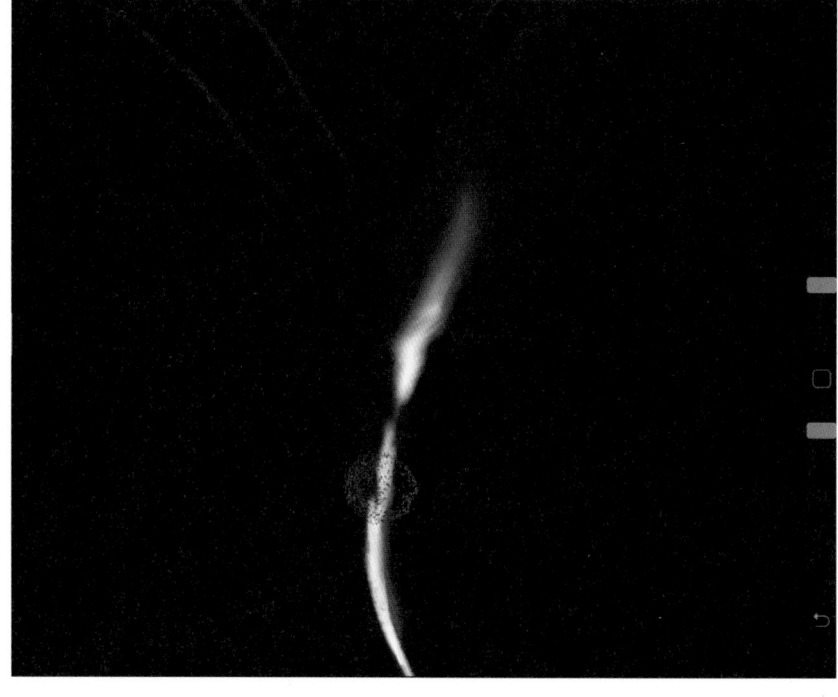

실전 6. 리버스 드로잉 _ 말

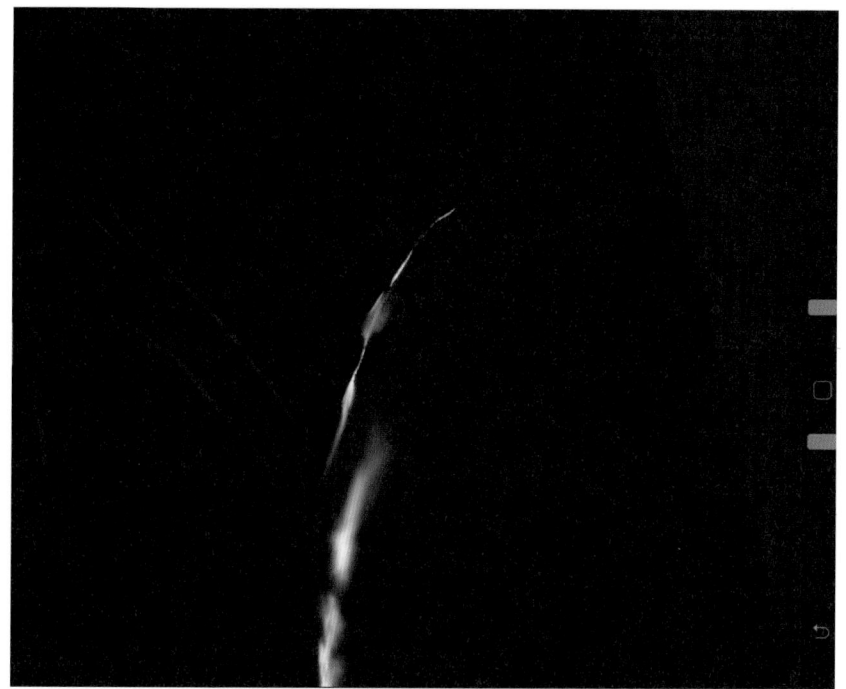

가장 밝은 부분은 ②번 색으로 칠하고 2번 과정에서 그린 부분과 연결되도록 가장자리를 [손가락 툴]로 문질러줍니다.

4

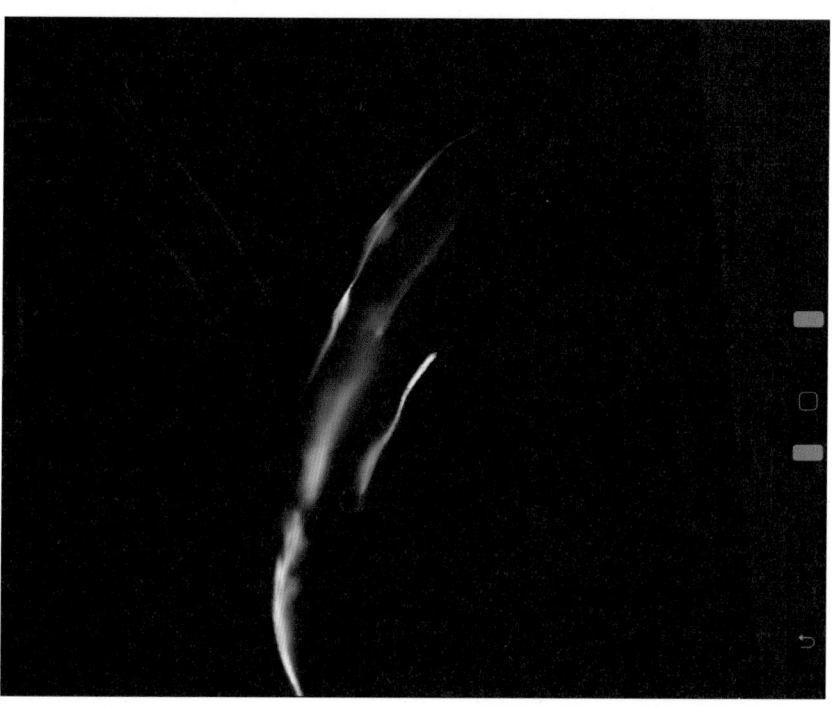

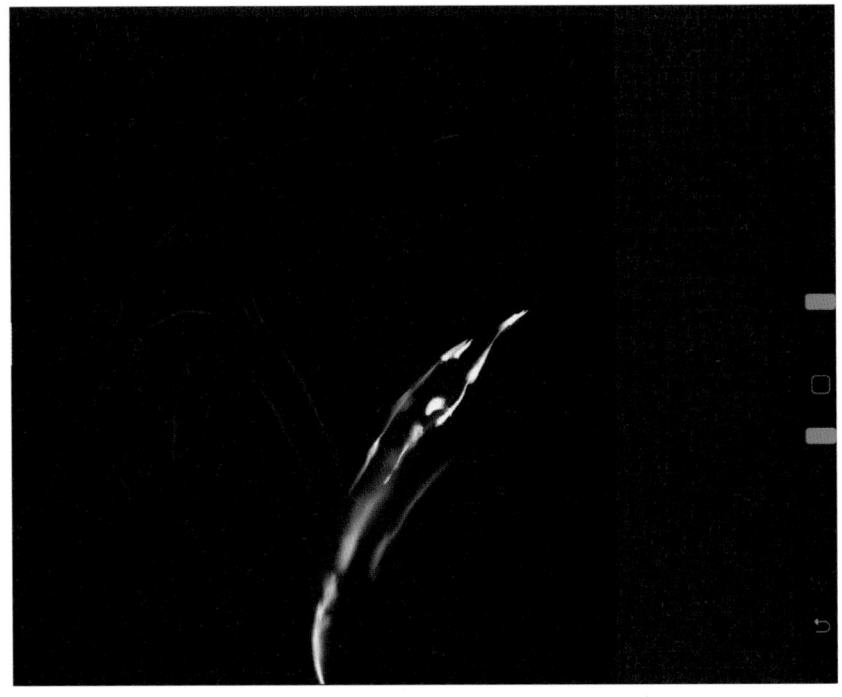

가장 어두운 부분인 오른쪽으로 갈수록 중간 톤이 없어집니다. ②번 색으로 살짝 선을 긋고 [손가락 툴]로 풀어줍니다.

5

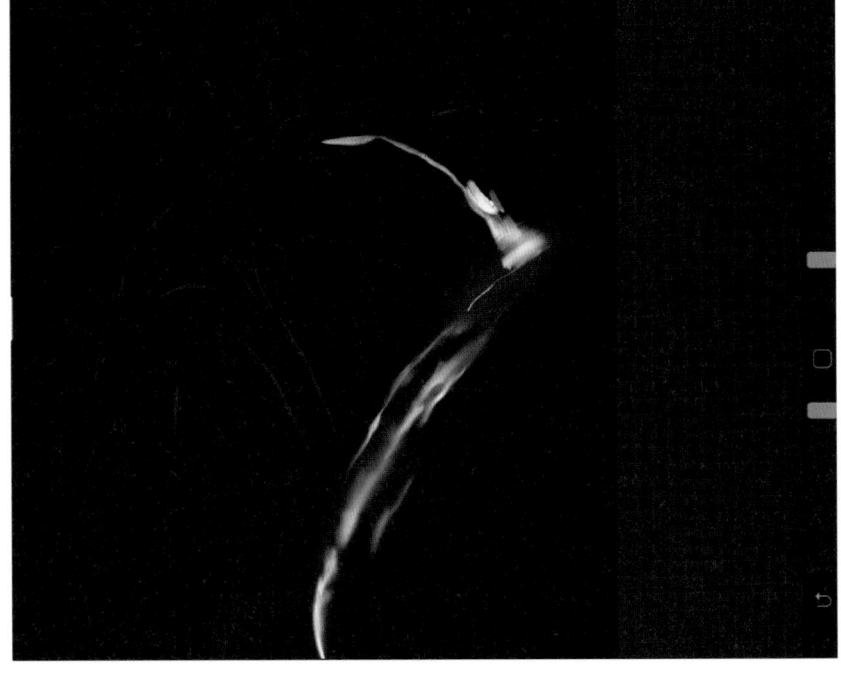

②번 색으로 말의 목선을 따라 위로 쭉 칠합니다.

6

5번 과정을 [손가락 툴]로 풀어 줍니다. 이때 선이 다 사라지도록 너무 부드럽게 풀지 말고, 피 붓결이 표현되게끔 사선의 결을 남겨주세요.

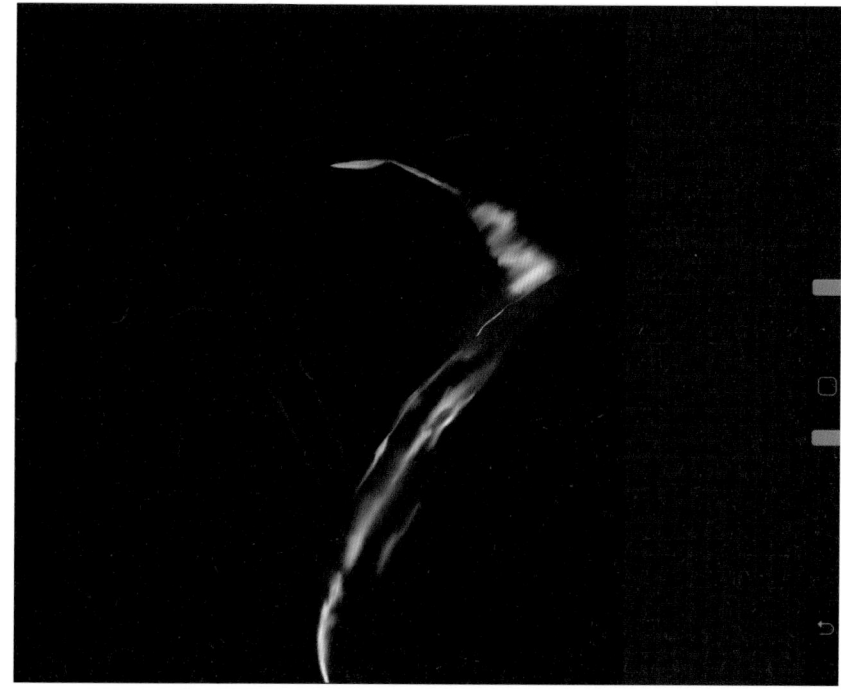

7

②번 색으로 빛이 닿는 가장 밝은 부분을 칠하고 [손가락 툴]로 넓게 풀어줍니다. 이때도 결이 보이도록 해주면 좋습니다.

8

실전 6. 리버스 드로잉 _ 말

부분 부분 중간 톤이 보이는 곳을 ①번 색으로 칠해주고 ①, ②번 색이 이어지는 부분은 [손가락 툴]로 잘 풀어줍니다. 풀어줄 때, 힘을 너무 세게 주면 색이 사라지니 주의합니다.

9

밝은 부분을 더 찾아 ①번 색을 올려주고 [손가락 툴]로 풀어줍니다. 깔끔하게 자른 듯한 선이 없도록 가장자리를 잘 풀어주어야 합니다.
어두운 부분은 검은색으로 남도록 배경색을 그대로 두는 것이 좋아요.

10

귀 부분도 색을 올리고, 머리와 자연스럽게 이어지도록 [손가락 툴]로 문질러줍니다.

11

얼굴 부분도 어두운 부분과 잘 섞일 수 있도록 앞서 칠한 부분들을 [손가락 툴]로 문질러서 풀어줍니다.

실전 6. 리버스 드로잉 _ 말

12

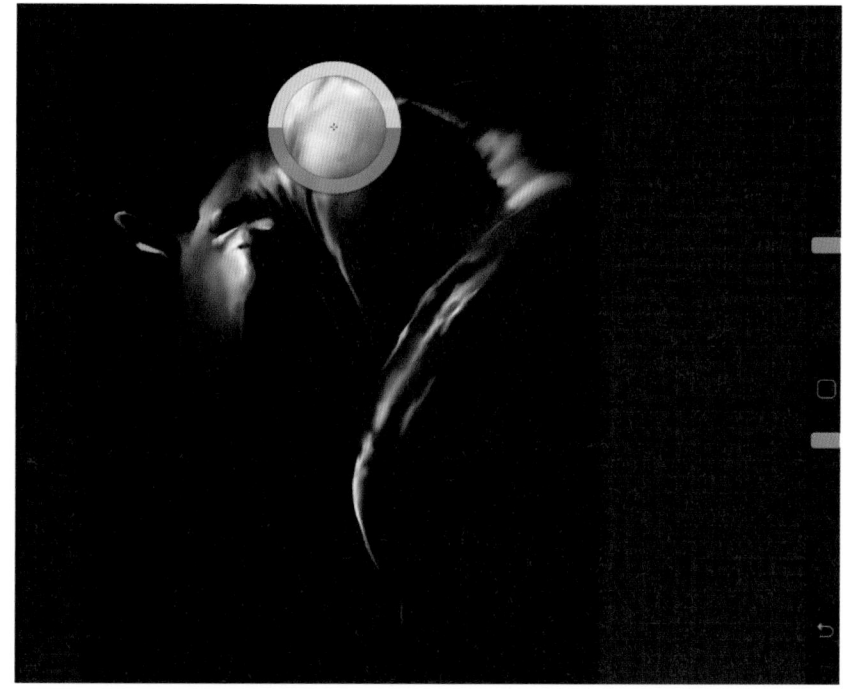

팔레트에서 색상을 선택해도 좋지만, 사진처럼 그림을 꾹 눌러 색을 추출해도 됩니다.
②번 색으로 목의 아랫부분을 밝게 칠하고 [손가락 툴]을 사용하여 위쪽으로 문질러줍니다.

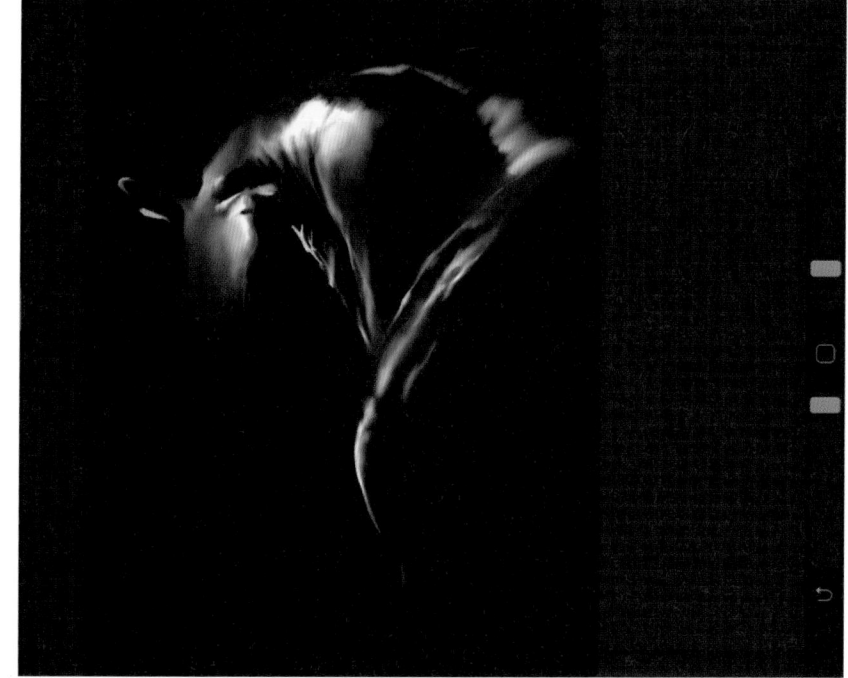

271

13

그림에서 회색(③번 색)을 추출해 눈을 묘사합니다. 눈 아래쪽과 눈두덩이가 살짝 밝습니다. 색을 칠한 후 [손가락 툴]로 문질러 자연스럽게 이어주세요.

실전 6. 리버스 드로잉 _ 말

14

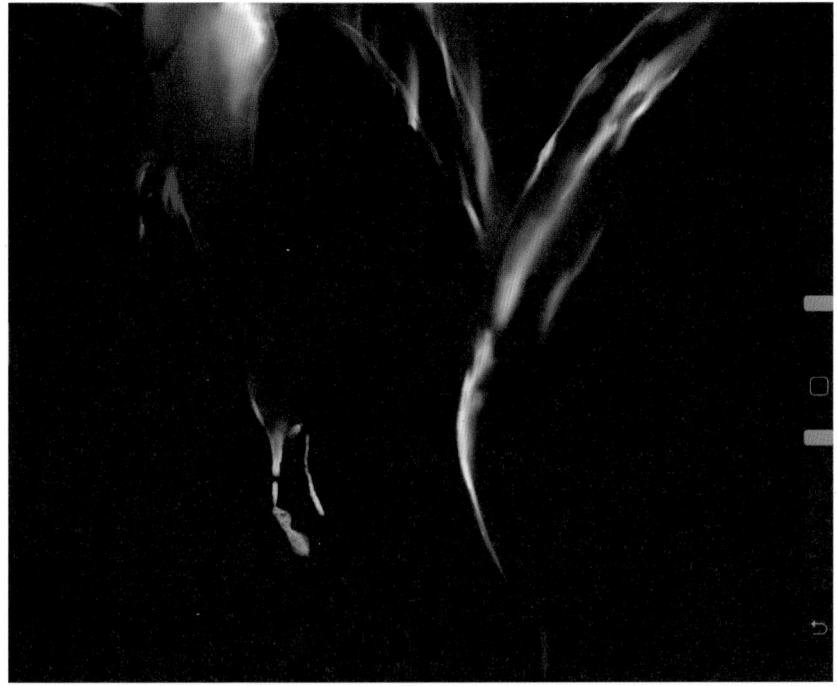

②번 색으로 입을 그리고 [손가락 툴]로 잘 풀어줍니다. 리버스 드로잉에서 가장 중요한 표현이, 안쪽으로 은은하게 풀어지는 부분들입니다. 그래야 양감이 잘 살아납니다.

15

말갈기가 이중 원통형 고리로 묶여 있습니다. 왼쪽의 밝은 부분만 ②번 색으로 묘사한 뒤 [손가락 툴]을 사용하여 오른쪽 방향으로 문질러줍니다.

16

전체적으로 그림을 살펴보고 좀 더 문질러주어야 할 부분을 [손가락 툴]로 정리해주세요.
스케치 레이어를 끄거나 삭제하여 마무리합니다.

여자 color

> **tip**
> 책 마지막 장의 삽지에서 QR 코드를 스캔하여 스케치를 다운로드한 후에 그림을 그려주세요.

검은색과 흰색은 색상표에 추가하지 않았습니다. 검은색은 배경 색상에서 추출하여 사용하고, 흰색은 색상 툴에서 바로 찾아 사용하도록 연습해봅시다.

1

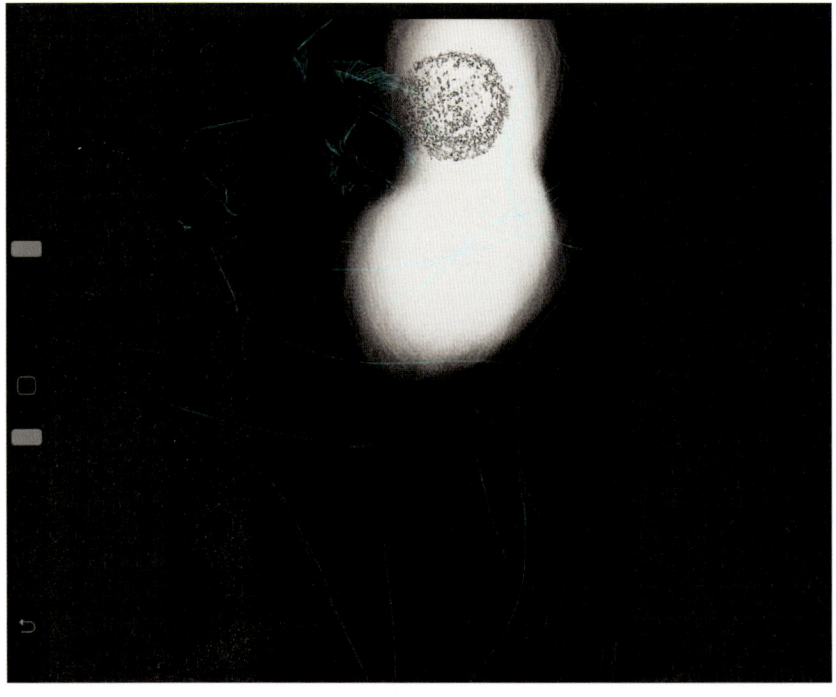

실전 6. 리버스 드로잉 _ 여자

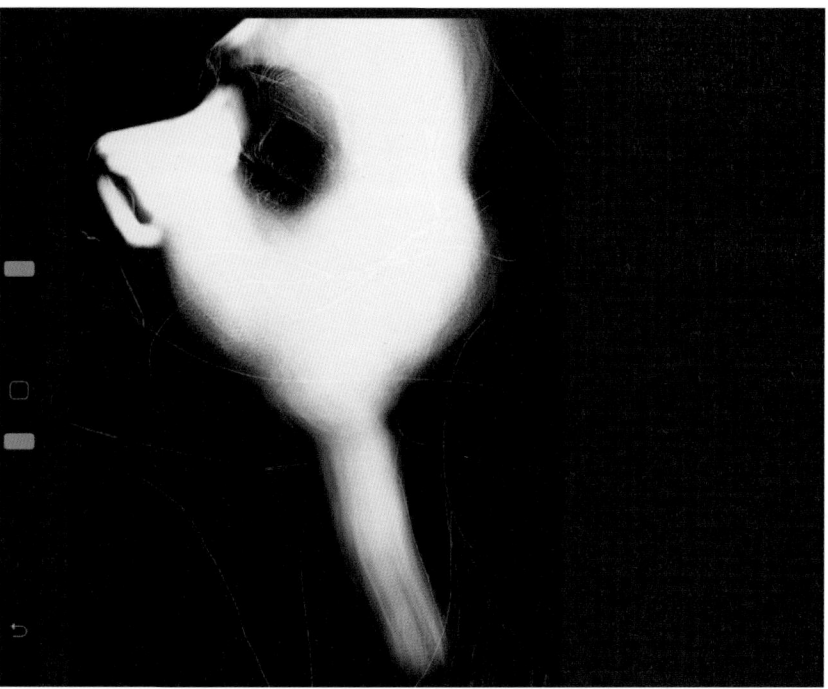

가장 먼저 배경 색상을 검은색으로 지정합니다. 그러고 나서 [스케치]-[소프트 파스텔] 브러시를 사용하여 ①번 색으로 넓게 얼굴의 밝은 부분을 칠해줍니다.
[손가락 툴]로 문질러 중간 톤인 회색을 표현하므로 회색으로 풀어줄 공간도 생각해야 합니다. ①번 색으로 다 칠해버리지 않도록 주의합니다.

2

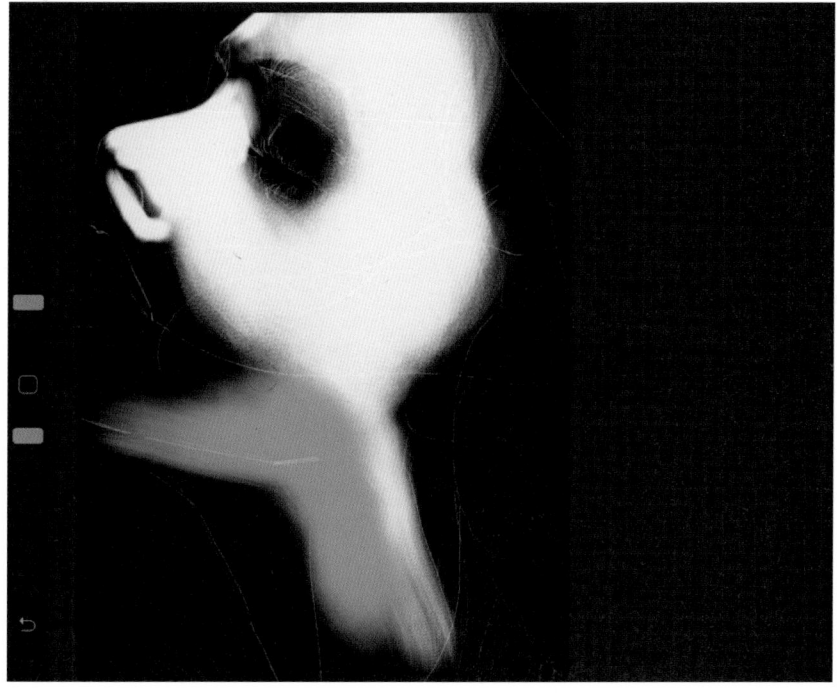

턱 아래쪽과 목 부분은 회색인 면적이 넓기 때문에 ①번 색을 칠한 후 [손가락 툴]로 문질러서 표현하는 것이 아니라 처음부터 회색(②번 색)을 올려주고, 회색과 ①번 색의 경계 부분만 살살 문질러서 섞어주세요.

3

검은색 부분은 아예 건들지 않는 것이 좋습니다. 저는 그림의 턱선 부분이 너무 가려져서 회색 위로 검은색을 칠했습니다.

실전 6. 리버스 드로잉 _ 여자

4

①번 색을 칠하지 않고 남겨둔 눈두덩이의 오른쪽에 ①번 색을 조금 얹고 [손가락 툴]로 문질러줍니다. 눈두덩이가 자연스럽게 회색이 되도록 그러데이션합니다. 콧대와 눈 주변까지 잘 문질러주세요.

5

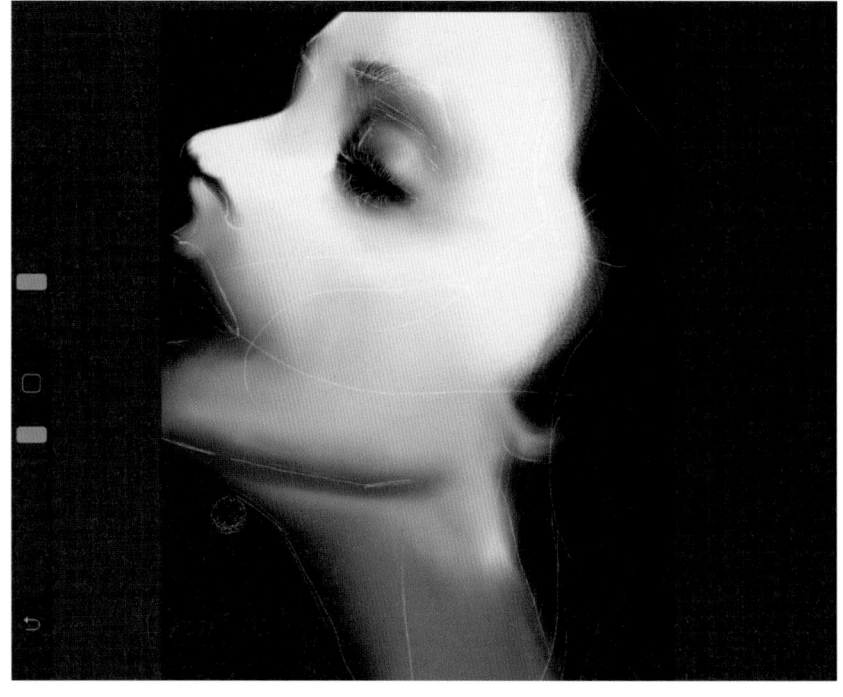

턱선의 검은색을 [손가락 툴]로 살짝 문질러서 자연스럽게 만들어준 뒤, 목의 경계 부분이 칼로 자른 듯이 딱 떨어지지 않도록 외곽선을 [손가락 툴]로 문질러 주세요. 그래야 음영이 자연스러워집니다.

6

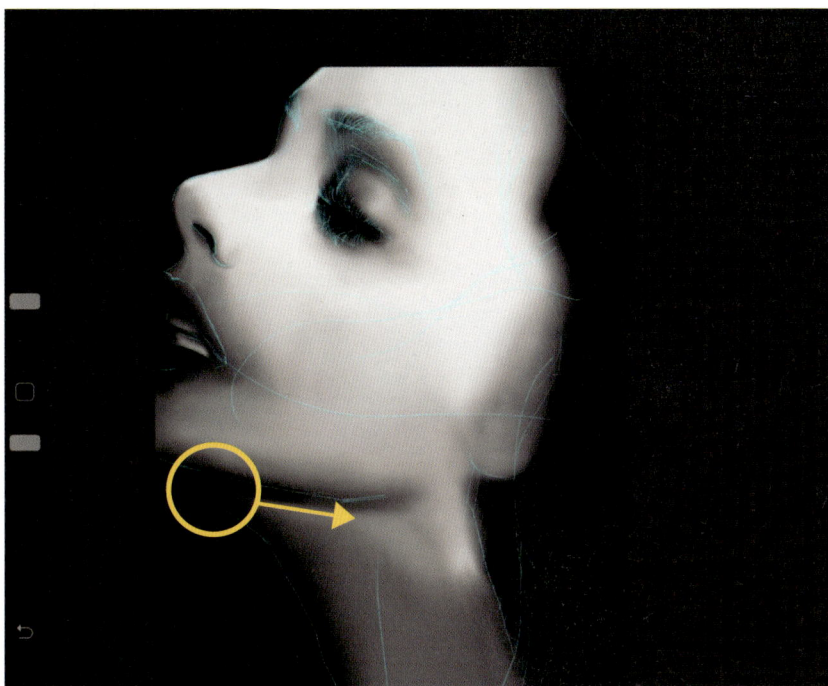

치아는 위아래 모두 ①번 색으로 직사각형으로 그려두고, 입술과 닿는 부분을 어둡게 표현해 입술과 치아의 전후관계가 분명해지도록 합니다.

턱선이 좀 더 진해지도록, 턱 아래의 검은색을 [손가락 툴]로 끌고 들어가듯이 오른쪽 방향으로 문질러줍니다.

7

목의 밝은 부분을 찾아 ①번 색을 칠하고 [손가락 툴]로 문질러 줍니다. 어두운 부분은 6번 과정처럼 [손가락 툴]로 검은색을 끌고 들어가듯 문질러 음영을 표현합니다. [손가락 툴]은 색을 끌고 들어간다는 것을 항상 기억하세요!

8

실전 6. 리버스 드로잉 _ 여자

눈을 묘사합니다. 속눈썹의 그림자를 검은색으로 칠한 뒤, 손에 힘을 빼고 ①번 색으로 살살 그림자 위를 칠합니다.

9

눈두덩이의 밝은 부분에 ①번 색을 칠하고 [손가락 툴]로 문질러줍니다.

10

실전 6. 리버스 드로잉 _ 여자

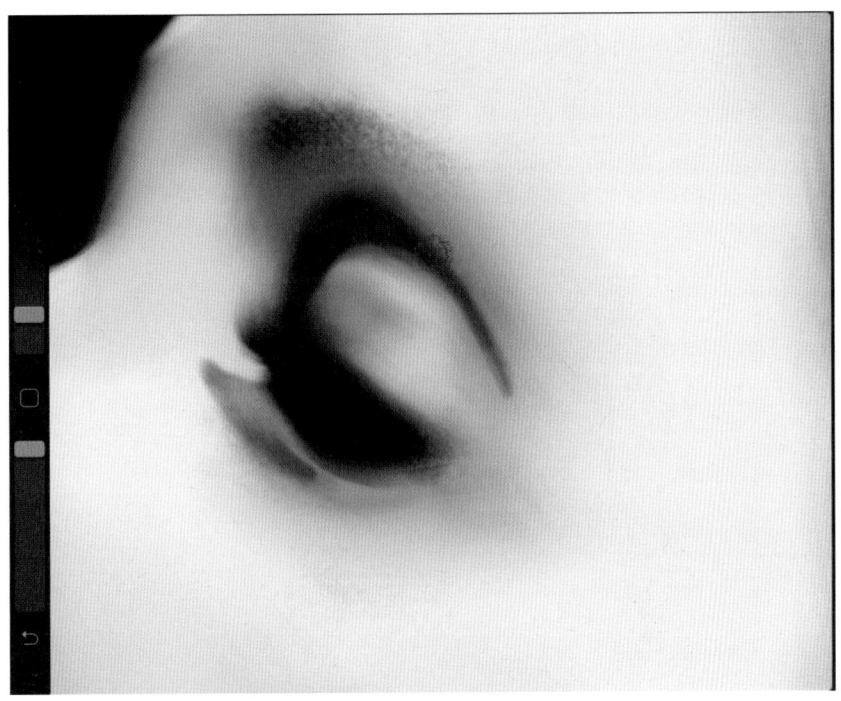

눈두덩이의 어두운 부분도 마찬가지로 검은색을 칠해주고 [손가락 툴]로 문질러줍니다. 스케치 레이어를 끄고 작업물을 확인하면서 진행합니다.

11

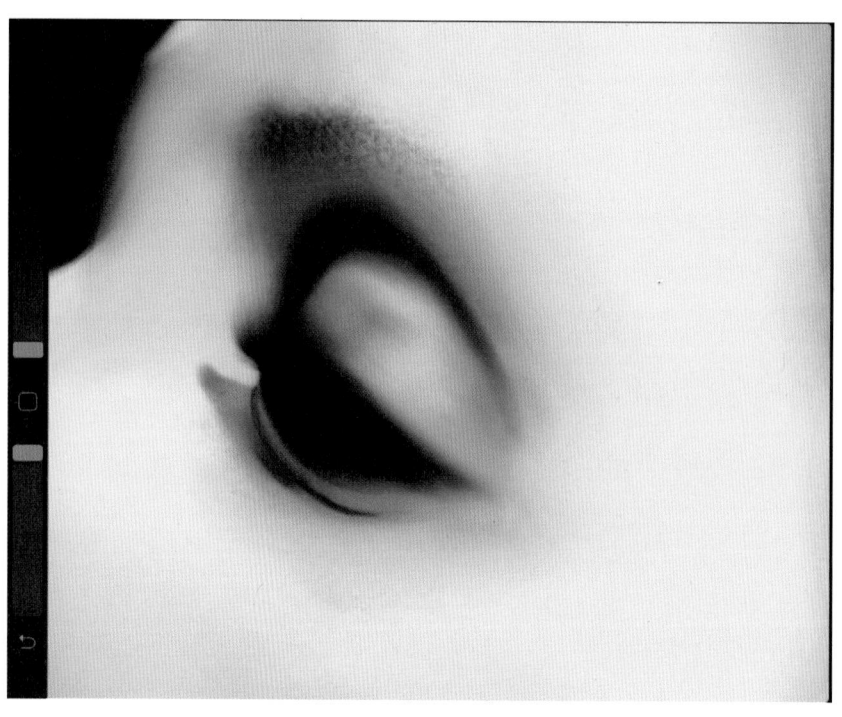

검은색으로 애굣살의 음영을 가늘게 그린 뒤 [손가락 툴]로 문질러줍니다.

실전 6. 리버스 드로잉 _ 여자

12

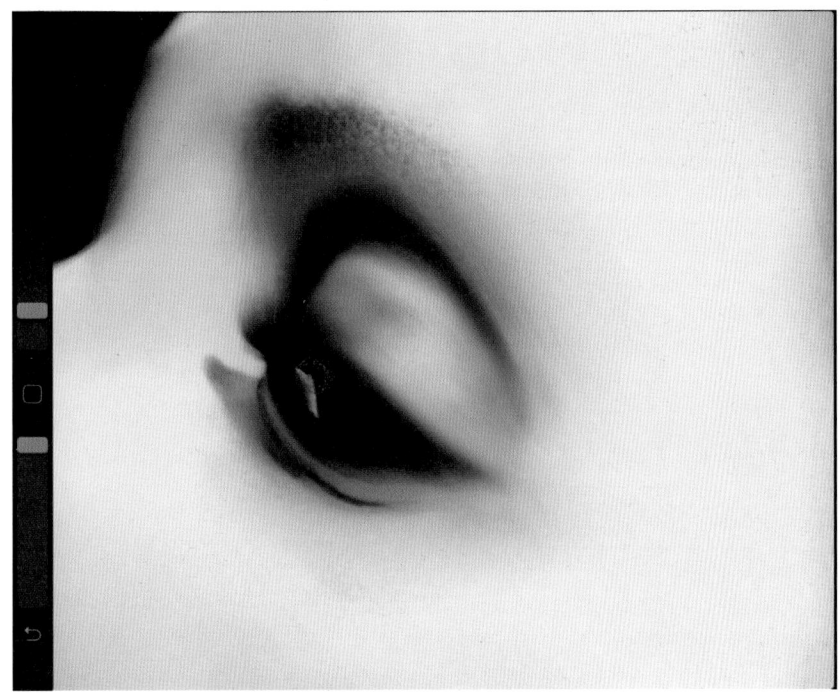

①번 색을 사용하여 눈동자에 비친 빛을 묘사합니다. 무언가가 있는 듯 ①번 색을 살짝 그리고 [손가락 툴]로 문질러주세요.

13

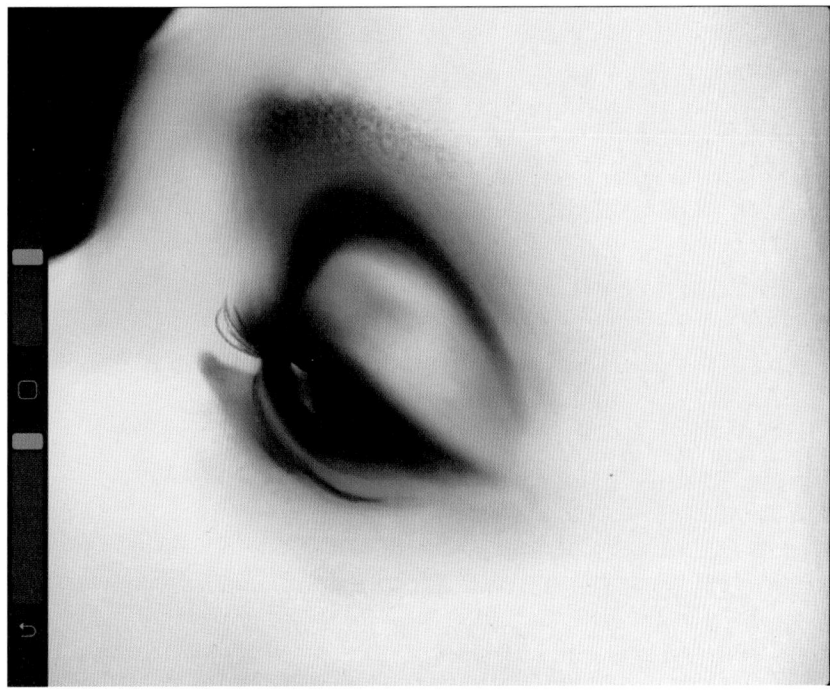

[스케치]-[HB 연필] 브러시를 선택하고 검은색으로 위아래의 속눈썹을 그려줍니다. 곡선을 잘 살려서 그려주세요.

14

실전 6. 리버스 드로잉 _ 여자

[HB 연필] 브러시 그대로, ①번 색으로 아랫입술의 주름을 묘사합니다. 찌글찌글한 선을 세로 방향으로 그려주세요.
검은색으로는 윗입술의 음영을 그리고, 윗입술과 아랫입술이 만나는 입가도 어둡게 그려주세요.
[손가락 툴]로 살짝 문질러서 전체적으로 입술과 어우러지게 합니다.

15

①번 색으로 피부의 밝은 부분을 좀 더 칠하고 [손가락 툴]로 문질러줍니다.

16

검은색으로 눈썹을 그립니다. 눈썹은 꼬리 쪽으로 갈수록 점점 시계 방향으로 눕혀서 그려줍니다. 눈썹머리는 세로로 서 있고 눈썹꼬리는 3-5시 방향으로 누워 있습니다. 반대쪽 눈썹도 그려주세요.

17

콧날을 [손가락 툴]로 살짝 비벼줍니다. 5번 과정과 같은 이유입니다.

18

①번 색으로 눈동자를 조금 더 묘사한 후에 애굣살 부분에도 ①번 색을 살짝 올리고 [손가락 툴]로 문질러줍니다. 눈꼬리, 눈두덩이에도 ①번 색을 조금씩 올리고 문질러주세요.

19

속눈썹의 그림자 부분을 꾹 눌러 색을 추출하고, 그림자의 끝부분에 속눈썹을 묘사하여 디테일을 살려줍니다.
흰색으로 애굣살 아래쪽에 빛을 좀 더 표현해주고, 검은색으로 눈꼬리 쪽에 위아래로 속눈썹을 조금 더 추가해주세요.

20

새 레이어를 추가하고, 흰색으로 눈 위를 지나가는 머리카락을 묘사합니다. 머리카락이 빛을 받아, 보이는 부분도 있고 보이지 않는 부분도 있습니다.

21

②번 색으로 머리카락을 좀 더 묘사합니다. 끝부분이 뭉뚝하지 않고 날카롭게 마무리되어야 머리카락처럼 보입니다.
머리카락을 그린 뒤 양쪽 끝부분을 [손가락 툴]로 문질러주면 더 자연스럽습니다.

22

[터치업]-[흐르는 머리칼] 브러시를 선택하고 자연스러운 머리카락을 연출합니다. 펜을 화면에 꾹 눌렀다가 머리카락 끝으로 갈수록 떼어주어야 합니다.

23

[스케치]-[소프트 파스텔] 브러시를 사용하여 검은색으로 눈썹을 조금 더 진하게 칠합니다.

24

피부를 표현했던 레이어를 선택한 후, 머리카락에 덮인 목 부분을 검은색으로 어둡게 눌러주세요. 귓불과 귓구멍도 검은색으로 확실히 잡아줍니다.
이때, 아랫니 앞쪽 그리고 윗입술과 윗니 사이도 어둡게 칠합니다. 입술도 진하게 칠하며 모양을 잡아주세요.

25

새 레이어를 추가하고 [터치업]-[흐르는 머리칼] 브러시를 선택하여 ①번 색으로 머리카락을 묘사합니다. 아래쪽에 있는 머리카락은 덮여야 하는 부분을 [지우개]로 살살 지워줍니다.

26

③번 색으로 얼굴을 덮으며 날리는 `머리카락을 묘사합니다. 큰 물결 모양으로 그립니다.

27

[스케치]-[소프트 파스텔] 브러시를 사용하여 입술 끝부분에 ①번 색을 살짝 칠하고 [손가락 툴]로 문질러 입술 모양을 정리해줍니다.
치아 묘사를 위해 검은색으로 치아에 세로로 선을 그려주세요.

28

치아가 살짝 보이도록 정리하며 묘사합니다. 27번 과정에서 그린 선을 [손가락 툴]로 살짝 문질러 치아에 음영을 표현해 줍니다.
치아의 가장 밝은 부분에 밝은 회색을 살짝 올려주고 색이 너무 튀지 않도록 [손가락 툴]로 문질러줍니다.
입술 주름도 같은 방법으로 표현하며 마무리합니다.

**처음 시작하는
아이패드
프로크리에이트 드로잉**

1판 1쇄 인쇄 2020년 2월 4일 ● 1판 1쇄 발행 2020년 2월 11일

지은이 오유 ● 펴낸이 김기옥 ● 실용본부장 박재성 ● 편집 실용1팀 박인애 ● 영업 김선주
커뮤니케이션 플래너 서지운 ● 지원 고광현, 김형식, 임민진 ● 디자인 나은민 ● 인쇄·제본 민언프린텍
펴낸곳 한스미디어(한즈미디어(주)) ● 주소 121-839 서울시 마포구 양화로 11길 13(서교동, 강원빌딩 5층)
전화 02-707-0337 ● 팩스 02-707-0198 ● 홈페이지 www.hansmedia.com

출판신고번호 제313-2003-227호 ● 신고일자 2003년 6월 25일 ● ISBN 979-11-6007-462-8 13650

책값은 뒤표지에 있습니다.
잘못 만들어진 책은 구입하신 서점에서 교환해드립니다.